Erika Pluhar
Die Stimme erheben

Inhalt

Starke Frauen am Theater

Als Mädchen hat man meine Wünsche zur eigenen Kreativität sofort positiv gesehen, als diese in Richtung Theater gingen. Dass es Schauspielerinnen geben muss, schien einleuchtend, dass Frauen sich rein interpretatorisch der Kunst nähern, wurde sehr wohl als eine der wenigen Möglichkeiten einer solchen Annäherung gesehen.

Das war vor einigen Jahrzehnten, und man möchte meinen, dass diese Zeiten vorbei sind. Ich wurde also dazumal Schauspielerin, obwohl ich stets auch ein schreibender Mensch gewesen bin. Also einer, der im Schreiben Leben erfindet und sein Leben findet. Ich wurde Schauspielerin, wurde dabei das, was man erfolgreich nennt, hatte, wie ich es immer nenne, Hoch-Zeiten am Theater und habe diesen Beruf auch lange Zeit mit Intensität und Leidenschaft zu dem meinen gemacht. Ich konnte mit sensiblen Regisseuren und wunderbaren Kollegen Vorstellungen erarbeiten, an denen mir persönlich sehr viel lag. Aber irgendwann hat sich für mich all dies erschöpft. Eine Rolle – noch eine Rolle – noch eine Rolle – irgendwann wollte ich nicht mehr funktionell und als reines Instrument an diesem Rollenspiel teilhaben.

Wie kann eine Frau stark sein – besser, wie kann ein Mensch stark sein, der, wenn er die Fähigkeit dazu besitzt, dennoch nicht in der Lage sein darf, in Eigenregie zu imaginieren und Welten zu erschaffen?

Ich habe persönlich ziemlich drastisch erlebt, wie schwer es ist, aus den von der Gesellschaft verliehenen Rollen auszusteigen, die Schubladen zu verlassen, in denen man für die Umwelt übersichtlich eingeordnet zu sein scheint. Man hielt mich eine Zeit lang für entweder aus Altersgründen abgeschoben oder für verrückt, als ich begonnen habe, mich vom Schauspielerberuf zu lösen. Mittlerweile hat sich das wieder gelegt, und ich kann jetzt sein, was ich in Wahrheit bin. Jemand, der seinen eigenen, ihm wesentlich erscheinenden Inhalten Worte verleiht und die Profession der Schauspielerei dabei mit sich trägt, wie der Körper seinen Atem.

Nun ist es aber trotzdem nicht so, dass ich das Theater etwa verachte oder negiere. Es gehört – und wird das immer tun – zu den wesentlichsten Ausdrucksformen des Menschen. Auch war alles, was es mir im Lauf der Jahre abgefordert hat, eine Lebensübung. Disziplin, Konzentration, wenn der Augenblick es fordert, ohne Absicht das Beabsichtigte tun, nicht warten dürfen, bis die Muse einen küsst, sondern da sein, wenn der Vorhang hochgeht: alles Lebens-Übungen. Außerdem war es der stetige Umgang mit dem Wort, der mich meine Theaterjahre nicht als verlorene Jahre sehen lässt.

Nach wie vor liebe ich die Wechselwirkung zwischen Bühne und Publikum. Nach wie vor glaube ich an die Fähigkeit von Menschen, Wahres von Talmi unterscheiden zu können, nicht so sehr intellektuell, sondern einfach durch die Tatsache eines gemeinsamen Atem-Anhaltens, einer gemeinsam erzeugten Stille. Oder eines gemeinsam und auf Anhieb ausbrechenden Gelächters. Publikum, und wie es reagiert, hat mir immer wieder geholfen, meinen zerfledderten Glauben an die Menschheit ein wenig zu flicken. Und jetzt mehr denn je, wo ich von der Bühne her lesend, sprechend, musizierend, ja quasi »Auge in Auge« und nicht durch eine imaginäre vierte Wand abgeschirmt, diese Reaktionen vor mir haben darf. Wenn ich jetzt also meine kurzen Ausführungen niederschreibe, bin ich nach wie vor kompetent, diesen Austausch, diesen Wechsel von Energien, diese wie durch eine Lupe betrachtete Daseinsform, also all dies, was eine Bühne erreichen und manifestieren kann, zu beurteilen. Nur kann ich, wenn Sie so wollen, jetzt als »starke Frau« – viel besser jedoch: als eigenständiger Mensch – auf den Bühnen das zum Ausdruck bringen, woran mir liegt. Weil ich daran glaube, dass das eigene unverfälschte Anliegen immer auch das von anderen ist, und dass wir uns mit-teilen sollen. Ein Miteinander und das Teilen des Augenblicks, eines Stücks Gegenwart – als solches ist und bleibt Bühne, bleibt jede theatralische Form für mich lebenslang bestehen.

Das politische Lied

Das ist so eine Sache mit dem politischen Lied.

Als ich begonnen habe, meine eigenen Texte zu singen, und das immer ausschließlicher, befand ich mich im Zustand erster politischer Erkenntnisse. Bis in meine Vierziger hatte ich in amorpherweise, viel zu sehr von Persönlichem und Privatem her-genommen die politischen Geschehnisse der Welt an mir halbinteressiert vorübergleiten lassen. Also eigentlich das getan, was ein Großteil der Mensch-heit zu allen Zeiten tut. Danach meinte ich, der Welt sofort und dringlich mit meinen Liedern mitteilen zu müssen, was ich selbst gerade erst verstanden hatte. Diese Intention fiel auch mit den ersten gro-ßen Friedenskonzerten in Dortmund und Bochum zusammen, und ich hatte kurzfristig den Eindruck, dabei mitzuwirken, im Nu die Welt zu verändern. Sehr bald konnte ich jedoch beobachten, dass es modisch wurde, ein »Friedenskünstler« zu sein, dass die Manager sich der Chose bemächtigten, und mein missionarischer Anspruch fiel langsam wieder in sich zusammen.

Und nicht nur der meine.

Plötzlich war es nicht mehr opportun, das »po-litische Lied«. Die wenigen, die daran festhielten,

10

wurden belächelt. Man besang wieder viel lieber Privates, Überschaubares, es ging um Liebe, Leid und Lebenslust, und so auch bei mir.

Bis in Österreich Jörg Haider, Landeshauptmann von Kärnten, sich dermaßen widerwärtig auf alter Rechtspopulistenschiene etablierte, dass mir ohne viel inneren Aufwand Lieder entschlüpften, die man vielleicht wieder »Protestlieder« nennen konnte. Ich gab ihnen gar keinen Namen, ich sang sie einfach. Es war mir gleichermaßen selbstverständlich als auch notwendig, das zu tun. Ich streute sie übergangslos in meine Programme ein und erntete anfangs Reaktionen, die von Erstaunen – muss sie das denn tun? – bis Empörung – hat die Frau das notwendig? – reichten.

Dann begann man diese Lieder bei mir wieder zu erwarten, allmählich gehörten sie wieder zu mir. Und ich schrieb sie jetzt meist im Wiener Dialekt, um so unprätentiös und auch humorvoll wie nur möglich zu bleiben. Weil ich wahrgenommen habe, dass dies Menschen eher erreicht als bitterer Ernst. Über jemanden zu lachen ist eine der besten Waffen gegen ihn. Und eine Waffe, zu der ich stehe.

Leider bleibt einem nur immer wieder das Lachen im Halse stecken, und dann hilft's nix. Dann muss er wieder her, der ernsthafte Widerstand, und das ohne Rücksicht auf Verluste.

Zur Nationalratswahl am 24. November 2002

Ich vernahm heute, als ich Radio hörte, dass das Interesse an Politik bei der österreichischen Bevölkerung um 40 Prozent gestiegen sei. Man also eine höhere Wahlbeteiligung erwarte als 1999.

Was für eine gute Nachricht, dachte ich.

Und ich will vorerst, ehe ich eines Schlechteren belehrt werde, auch daran festhalten, dass es eine gute Nachricht war. Dass die Menschen unseres Landes sich dessen bewusst geworden sind, wie einschneidend und zukunftsbestimmend der Ausgang dieser Wahl sein wird. Dass er uns die Möglichkeit bietet, eine unzumutbare, unfähige, uns der Lächerlichkeit preisgebende Regierung endlich wieder abzuschütteln. Eine Regierung, die ja 1999 nicht durch das Mehrheits-Wahlergebnis der Staatsbürger, sondern durch eine Koalition Wolfgang Schüssels, ÖVP, mit der FPÖ zustande kam. Durch den Zusammenschluss zweier Parteien also, die einander partiell nicht ausstehen konnten und können. Durch Machtinteressen und nicht durch das Interesse, diesem Land in irgendeiner Form zu dienen. Immer wieder wurde behauptet, diese unsägliche Regierung, die nicht umsonst durch unterirdische Gänge zu ihrer Angelobung schreiten musste, sei »demokratisch gewählt« worden. Dass

die Mehrheit der Österreicher jedoch sozialdemo-
kratisch gewählt hatte, wurde – auch und vor allem
von den Sozialdemokraten! – viel zu selten betont
und klargestellt.

Inzwischen jedoch hat der FPÖ-Anteil dieser
Regierung sich selbst derart demontiert, dass ich
mir einfach nicht mehr vorstellen kann, wie irgendeine oder irgendeiner in unserem Land dies noch
übersehen oder schönfärben kann. Ich denke,
dass man weitgehend zu der Erkenntnis gelangte,
dass Österreich aus der Geiselhaft einer irrealen
Machtbesessenheit erlöst werden muss. Und da ich
weiterhin an die Urteilsfähigkeit unserer Bürger
glaube, glaube ich auch an einen Wahlausgang, der
Österreich rehabilitieren wird. Ich habe niemals
verschwiegen, dass mir, wenn ich es mir aussuchen
könnte, an einer rot-grünen Koalition läge. Aber
woran mir vor allem liegt, ist das endgültige Ausschalten der blauen Einflussnahme. Mein Wunsch
wäre es auch, dass die Medien den unsinnigen
blauen Spielchen schlicht und einfach nicht mehr
so viel Raum geben. Damit würde das rechtspopulis-
tische Getümmel endlich wieder in seine Bierkeller
und Bärentäler verwiesen. Ich glaube auch an den
immer wiederkehrenden Akt der Vernunft beim
Menschen. Im jetzigen, speziellen Fall an den, ver-
nünftig zu wählen. Eine Regierung zu wählen, die
die Situation Vernünftiger in diesem Land wieder
zu einer lebbaren macht.

Ich lebe in Österreich.

Ich liebe dieses Land.

Ich möchte mich seiner nicht mehr schämen
müssen.

Geht es Ihnen nicht genauso?

Nachtrag:

Am 28. Februar 2003 einigten sich ÖVP und FPÖ, trotz starker Stimmenverluste der Freiheitlichen Partei, auf eine Fortsetzung der schwarzblauen Koalition.

Depression

Meine Damen und Herren,

ich begrüße aus tiefster Überzeugung und von eigenen Erfahrungen belehrt die sich mehr und mehr formierenden Versuche, das, was oberflächlich als Depression bezeichnet wird, auch wirklich beim Namen zu nennen. Die Depression aus der Dunkelheit schamvollen Schweigens und verborgenen Erleidens in den Bereich eines Krankheitsbildes, einer klaren Erkenntnis, eines möglichen Damit-Leben-Könnens hervorzuholen, ohne sich der Gesellschaft entziehen zu müssen. Ja, das Dunkel der Depression endlich mit Wissen darum zu erhellen.

Nun gilt aber vorerst einzukreisen, worüber wir sprechen.

Wer von uns ist nicht ab und zu deprimiert? Wir kennen alle diesen Zustand, der uns immer wieder mal überfällt: deprimiert zu sein. Will heißen: niedergedrückt. Dem Druck des Lebens ausgesetzt. Der meist aus Angst, aus Groll und aus Selbstmitleid besteht. Wir haben Angst vor unserer Endlichkeit und verdrängen sie. Wir grollen dem Leben, weil es uns unsere Wünsche nicht so erfüllt, wie wir meinen, dass sie erfüllt werden sollten. Wir tun uns selbst immer wieder fürchterlich leid, weil man uns nicht genug liebt, genügend lobt und anerkennt.

Das alles sind Empfindungen, die zum Menschsein gehören. Ab und zu deprimiert zu sein, gehört zum Menschsein – und nichts ist törichter – und auch unerträglicher für alle anderen –, als eine unerschütterliche Frohnatur sein zu wollen.

Etwas anderes ist es jedoch, in eine echte Depression zu geraten. Ich bin nicht befugt, aus ärztlicher oder wissenschaftlicher Sicht darüber zu sprechen. Ich kann über diese Krankheit – und eine echte Depression ist eine echte und schwerwiegende Krankheit –, ich kann darüber nur als eine immer wieder einmal davon Betroffene sprechen. Ich weiß, wie sich das anfühlt. Ich weiß, bis wohin eine Depression uns führen kann. Und ich weiß es in einem Ausmaß, das nichts mit dem gängigen Satz »Mein Gott, hab ich eine Depression!« zu tun hat. Wer wirklich unter Depressionen leidet, spricht nicht darüber. Im besten Fall ist er damit beschäftigt, durch jeden Tag hindurchzukommen. Meist – bei mir jedenfalls äußerte oder äußert es sich so – ist es eine Gewaltanstrengung, den Morgen zu bestehen.

Aufzustehen. Den Schlaf und das Bett zu verlassen. Sich den einfachsten Anforderungen zu stellen, ohne sie als unüberwindliche Gebirge vor sich zu sehen.

Mein persönliches Leben hat mir reichlich Verlust und Leid beschert. Trauer zu leben, Schmerz auszuhalten, im wahrsten Sinn dieses Wortes, das Leben nicht von sich zu werfen, sondern das Weitergehen auf sich zu nehmen – all dies führt an äußerste Grenzen des Erleb- und Ertragbaren. An äußerste Grenzen einer neuen Bewusstwerdung, die sowohl Vergänglichkeit als auch ein anderes Bestehen umschließt. Dabei wird einem alles abgefordert, was an Kraft in einem ist. Dabei kann man selbst erfahren, ob Kraft einem möglich ist oder nicht.

Aber mit einer Depression hat gelebtes Leid nichts gemeinsam. Weil gelebtes Leid lebendig ist. Und die Depression Leben verbietet.

Ich möchte aber jetzt nicht weiter theoretisieren, sondern Ihnen kurz von der ersten seelischen Erkrankung meines Lebens, die zu einer echten, lebensgefährdenden Depression führte, berichten: Als Mädchen mit etwa sechzehn Jahren geriet ich unvermutet in eine Magersucht, medizinisch Anorexie genannt. Es war bei mir keine Bulimie, also eine Essstörung, bei der man isst und dann erbricht, nein, ich aß einfach nichts mehr.

Als Gymnasiastin nur Vorzugsschülerin, stets pflichtbewusst und trotz Krieg und Nachkriegszeit ein gesundes Kind, war damals, also in den Fünfzigern, diese Erkrankung für alle ein Rätsel, sie stieß meine Eltern, mein Menschenumfeld in völlige Ratlosigkeit und Verzweiflung. Die Möglichkeit von Therapien war unbekannt, es schien dazumal für seelische Irrwege auch nur Irrenanstalten zu geben.

Ich war wohl auch der klassische Fall eines jungen Mädchens, das sein Frau-Sein verweigert, so erfuhr ich es später. Meine Mutter überlastet und mit ihrem Frauenleben unzufrieden, ein Tanzschulflirt, der zu einer Beinahe-Vergewaltigung führte, die Filme dieser Zeit ein Frauenbild demonstrierend, das aller ersehnten Eigenständigkeit widersprach – wie auch immer.

Ich hörte auf zu essen und ahnte gleichzeitig, dass ich daran sterben würde. Ich lebte als Maschine weiter. Ich erfuhr eine Trostlosigkeit, eine Dürre, eine Qual des Weiterlebens, wie es nur die Depression erzeugen kann. Es war eine, die ich bis heute nicht vergessen habe.

Aber ich überlebte. Und zwar in noch jungen Jahren. Man weiß, wenn Essstörungen nicht in der Jugend behoben werden, begleiten sie das weitere Leben oder führen frühzeitig zum Tod.

Bei einem Sommerurlaub der Familie am Attersee im Salzkammergut wurde mir geholfen. Und zwar von den zwei Frauen, bei denen wir einquartiert waren. Sie waren Schwestern, beide unverheiratet, beide tätig, im Haus oder bei ihren Kühen auf der Alm, beide sangen im Kirchenchor, beide waren braungebrannt und fröhlich, beide hatten vergangene Liebesgeschichten auf Lager, und beide forderten mich nie auf, »doch bitte was zu essen«. Ich erfuhr eine Therapie, die mir aus gesunder Wahrnehmung, aus gesundem Verständnis geschenkt wurde. Von Frauen, die selbstständig, ungebrochen, von keinem Mann gegängelt ihren Bedürfnissen, ihrer Natur entsprechend lebten, instinktiv erkannten, was mit mir los war, mir einen Sommer lang die mögliche Schönheit des Lebens bewusst machten, und mich auch langsam an eine gewisse Nahrungsaufnahme heranführten. Nach diesen Wochen am See begann ich zu gesunden. Ich konnte mich aus den Tiefen der Anorexie und der daraus resultierenden Depression befreien.

Doch ganz gesund, ganz frei von den Gefährdungen dieser seelischen Erkrankung wurde ich nie. Doch kann ich mich jetzt, im wahrsten Sinne, aus ihr erheben.

Natürlich gibt es die Möglichkeit einer so »natürlichen« Therapie, wie ich sie erfuhr, nur als Glücksfall. Deshalb auch meine Dankbarkeit.

Aber auch meine stetige Bereitschaft, zum Thema Depression das Wort zu ergreifen und als Wissende auf die Schwere dieser Erkrankung hinzuweisen.

Für eine Gesundheitsbeilage der »Kronen Zeitung«
3. Februar 2003

Mein Lebensstil

Um es kurz zu umreißen: mein Lebensstil ist der, keinen Lebensstil zu haben.

Sicher klingt dies für viele Ohren allzu lapidar, da ja schließlich jeder Mensch eine Lebensform wählt, oder sich ihr unterwerfen muss. Aber nicht umsonst habe ich jetzt lieber nach diesem Wort gegriffen: Lebensform. Form bedeutet, einen Inhalt zu umhüllen. Stil ist Selbstzweck. Jedenfalls sehe ich das so.

Wir sind so sehr in die Kriterien von »Lifestyle« verwickelt worden, aus den Medien werden wir derart davon überschwemmt, dass Menschen dazu neigen, nur noch den richtigen, gesellschaftlich richtigen Stil für ihr Leben zu suchen, und nicht mehr dessen Qualität.

Ich glaube von mir behaupten zu dürfen, dass es mir um Letzteres geht. Um Lebensqualität. Und so gesehen forme ich mein Leben, wenn auch mit geringem Einsatz jener formalen Mittel, die unser zeitgeistiger Lebensstil unerbittlich zu verlangen scheint.

Was ich also beharrlich verweigere, sind touristische Reisezwänge, In-Lokale, oder gar Trends à la »Wellness« oder Fitnessprogramme. Die Reisen in meinem Inneren haben bei mir Vorrang, beanspruchen viel Raum und Zeit. Auch esse ich gern gut, egal wo, aber möglichst gesellschaftlich unbeobachtet und mit Freunden, und mein Körper sucht auf ihm gemäße Weise Wohlgefühl und Bewegung, ich erlausche dies lieber, als ihn mit kommerziell gesteuerten Forderungen zu quälen.

Im Übrigen lebe ich in der Stille eines durchaus unmodischen, alten Hauses, das eines Tages eher auf mich zukam, als dass ich es gesucht hätte. Und ich baue und renoviere möglichst wenig an diesem Haus herum, erhalte es nur gesund. Der Drang nach dem letzten Schrei bei Design und Technik des Wohnens ist mir gänzlich fremd. Auch verändere ich nur, was unter mir schier zusammenbricht. Unentwegte Neuerungen in meinem Lebensumfeld würden mir zu viel Zeit dafür rauben, mich selbst und mein Leben zu erneuern. Ähnliches ist auch der Grund, warum ich relativ ordnungsliebend bin. Das ständige Nach-etwas-Suchen betrachte ich als Zeitverschwendung.

In allen anderen Belangen verschwende ich jedoch Zeit nach Herzenslust. Ob das nun Mußestunden sind oder tätige – ich verweigere Hast, so weit es nur irgend geht. Nehme mir Zeit. Lasse mich nicht fremdbestimmen. Das bedeutet natürlich auch, nicht kontinuierlich von Menschen begleitet zu sein, Einsamkeit leben zu können. Ein Menschenumfeld, dem man nahe ist und stetig zugehört, bedeutet immer auch Lebensdruck. Ich glaube, das muss man wissen.

Die Bäume vor meinen Fenstern, die Wanderungen in den Hügeln am Rande der Stadt. All die Bücher, die meine Räume füllen. Und die Menschen, die meinem Herzen nahe sind, sie vor allem – also was Liebe und Freude erweckt, ohne freies Atmen zu behindern –, all dies ist der von mir bejahten Form und Qualität meines Lebens gemäß. Half mir auch, Leid und Verlust anzunehmen. Dabei hilft einem nämlich kein »Lebensstil« der Welt weiter, sondern nur die selbst gewählte Form eines disziplinierten und gleichzeitig lebendigen Weitergehens, fernab genormter Vorschriften und nahe dem schlichten So-Sein.

Für die Zeitschrift »FORMAT«
Mai 2003

Das Spargelessen

Der Zweck heiligt die Mittel. Das ist eine Behauptung, die mir seit jeher als eine der suspektesten im Kreise aller suspekten Behauptungen erscheint. Dass irgendein Zweck Mittel »heiligen« könne, die miserabel sind, wollte mir nie in den Kopf. Wenn man durch Kot stapft, wird doch unweigerlich schmutzig, was man hinterher erreicht und betritt. Und auch, dass irgendein Ziel auf Erden eines schmutzigen und unwürdigen Hinwegs wert sein könnte, glaube ich nicht. Vor allem im Hinblick auf eine und auch meine Lebensphilosophie, die bejaht, dass »der Weg das Ziel« sei.

Der Schluss liegt also nahe, dass man sich meist der anfangs zitierten Behauptung zu bedienen pflegt, wenn es um Rechtfertigung von Unrecht geht. Wenn man verschleiern möchte, welches unrechte Ziel letztendlich verfolgt wird, was der wahre und eigennützige Zweck des Ganzen ist.

Wenn Bundeskanzler Gusenbauer Jörg Haider heimlich zum Spargelessen trifft – nicht von ungefähr drang das, was die beiden aßen, trotzdem so detailliert ins Bewusstsein der Öffentlichkeit, will mir scheinen. Gibt es da nicht den prägnanten wienerischen Ausdruck: »Red' kan Spargel«? Also wenn Herr Gusenbauer Einhelligkeit mit, oder auch nur die leise Annäherung an die Person Jörg Haider und dessen Politik sichtbar werden lässt, wirft er die Ernsthaftigkeit und das Anliegen tausender Menschen auf den Mist, die dazumal gegen die blau-braune Einfärbung unserer Regierung in gewaltigen Demonstrationen auf die Straße und auf den Heldenplatz zogen. Und dabei unter anderem auch seinem, und dem Aufruf seiner Partei folgten! Weil es ihr eigener Ruf, ihre eigene Überzeugung war, die sie von Gusenbauer und den Sozialdemokraten geteilt wähnten.

Wenn Herr Gusenbauer Herrn Haider zum Spargelessen trifft, ist das kein Zweck, der irgendetwas heiligt, sondern Verrat. Der Verrat an vielen Bürgern unseres Landes, der Verrat an einer Grundhaltung seiner Partei, die diesen Bürgern, seinen Wählern, versprochen war.

Jörg Haider wird immer Jörg Haider bleiben, auch wenn er ab und zu Kreide frisst, sobald es ihm nützlich erscheint. Ich glaube, dass sogar die viel zitierten »kleinen Leute« dies mittlerweile weitgehend durchschaut haben. Dass er sie nie gemeint, nur benützt hat. Wer Haiders Winkelzüge bislang nicht erkennen konnte, ist schlicht mit Blindheit geschlagen. Aber letztlich sind Menschen nicht so blind, wie man sie gern hätte.

Im Versuch, der eigenen Bestürzung etwas entgegenzusetzen, fragt man sich natürlich, warum Gusenbauer so gehandelt hat. Da gibt es die Theorie, dass durch dieses Treffen und Haiders Aufwertung ein schnelleres Platzen der derzeitigen Regierung zu erwarten sei. Oder sogar die, dass ein rot-blaues Bündnis sich ankündige. In jedem Fall aber ging es um Gusenbauers verzweifelten Versuch, Macht nicht gänzlich zu verlieren, sich ins Spiel zu bringen. Egal, mit welchen Mitteln.

Aber da diese Mittel ganz offensichtlich und durchschaubar von ihrem Zweck nicht geheiligt wurden, war es dennoch nichts anderes als eine sinnlos entwürdigende Aktion.

Man kann nur hoffen, dass daraus im Rückblick nur eine Anekdote wird. Und nicht gar der überaus lächerliche Anfang vom traurigen Ende der Sozialdemokratie.

Beitrag für die Festschrift zum fünfzehnjährigen Bestehen des Hauses »Miriam«, einem Übergangswohnheim der Caritas für obdachlose Frauen
27. September 2003

Obdachlos

Das Wichtigste: ein Dach über dem Kopf.

Wer hat diesen Satz nicht schon einmal vernommen oder ausgesprochen.

Und meist hat man es ja auch, dieses Dach über dem Kopf. Man bedenkt selten oder nie, wie es sein könnte, dieses zu verlieren. Also obdachlos zu sein. Wenn man Menschen sieht, die auf Parkbänken oder unter Brücken schlafen, neigt man dazu, von »Randfiguren der menschlichen Gesellschaft« zu sprechen. Im Dünkel zu verharren, ein Zustand dieser Art sei vermeidbar und beruhe nicht zuletzt auf persönlichem Verschulden.

»Man« fühlt sich sicher.

Wer aber je selbst – und sei es auch im Verborgenen – ins Ungesicherte geriet, in Verlorenheit, Verlassenheit, Hilflosigkeit, dem ist plötzlich kein Zustand mehr unbegreiflich. Wer je selbst verstoßen, verjagt, geschändet und verletzt wurde, beginnt zu begreifen. Auch wenn es das Dach über dem Kopf dann vielleicht noch gibt – wenn die Seele kein Obdach mehr findet, ist man obdachlos, auch ohne unter der Brücke schlafen zu müssen. Ist man schrecklich vereinzelt man selbst. Als

25

hilflose Kreatur am Rande des Menschseins zurückgelassen.

Nun gibt es aber Frauen, die beides verloren haben. Das Dach über dem Kopf, und das über der Seele. Wenn man versucht, ihnen Obdach zu gewähren, ist es wohl leichter, dem Körper einigen Schutz zu geben, als der seelischen Obdachlosigkeit zu begegnen. Die soziale und die psychische Krise solcher Frauen ein wenig zu bannen, hat sich das Haus »Miriam« zur Aufgabe gestellt. Wie jede mitmenschliche Tat auf Erden bedarf auch diese der Aufmerksamkeit und Unterstützung, und wir alle wissen, was dies in Zeiten des »persönlichen Vorteils«, des »Gewinns«, des »Profitdenkens« bedeutet. Man kann Versuche, Menschen auf breiterer Basis individuell helfen zu wollen, nicht genug würdigen. Wenn irgendwo, wenn es um das Leid anderer geht, gehandelt wird und nicht nur bemitleidet, entsteht innerhalb einer weitgehenden Menschenverachtung ein ausgesparter Raum gegenseitiger Achtung.

Und darum, meine ich, geht es.

Achtung, Beachtung, Achtgeben ist das Wertvollste, was wir Menschen einander schenken können. Und das wirkungsvollste Mittel, jeder Form der Obdachlosigkeit entgegenzuwirken. Mögen Frauen also nach wie vor im Haus »Miriam« für Körper und Seele ein »Dach über dem Kopf« finden, oder dazu angeregt werden, es sich selbst wieder aufzubauen.

Meine Wünsche sind mit Ihnen allen.

Beitrag zum Fotoband »ERIKA PLUHAR, ein Bilderbuch« von
Christine de Grancy, Alisa Douer, Evelin Frerk
Februar 2004

Gesehenwerden

Menschen sehen einander an.

Wir alle ringen um unser Ansehen.

Jeder wäre gern angesehen. Eine »angesehene
Persönlichkeit«, sagt man dann.

Jeder wünscht sich, ansehnlich auf andere zu
wirken, also lieber hübsch als hässlich.

Im Englischen sagt man »see you« – also »ich
sehe dich« –, wenn man sich nur vorübergehend
verabschiedet. »Auf Wiedersehen« meint Ähnliches, also einander nicht aus den Augen verlieren
zu wollen.

Den anderen zu sehen, anzusehen, und vom
anderen gesehen, angesehen zu werden, bestimmt
maßgeblich unseren Aufenthalt in der menschlichen Gesellschaft, und auch, wie dieser Aufenthalt
sich für uns gestaltet. Wenn keiner dich ansehen
mag, lebst du schwer. Sieht man dich gern, lebst
du auf.

Dies betrifft wohl jeden Menschen, und das vom
Kinderspielplatz an, in den jeweiligen familiären
Gegebenheiten, über die Schulzeit und den Ar-
beitsbereich hinweg, bis hin zum Altersheim.

Jeder noch so schlichte, zurückhaltende, sich be-
scheidende Erdenbürger kommt – so gesehen – um

eine gewisse Sichtbarkeit für andere nicht herum, muss sich dieser Sicht stellen.

Nun gibt es da aber einen noch intensiveren Blick, in den Menschen geraten können. Es gibt das Auge der Öffentlichkeit. Dieses kann ungewollt auf einem ruhen, weil verborgene Lebensumstände durch Zufall, Versehen oder Ungeschick öffentlich wurden, oder weil man unfreiwillig in den Sog irgendeiner Sensationsstory geriet. So mancher jedoch begibt sich freiwillig, von einem unstillbaren persönlichen Bedürfnis getrieben, lebenslang in die Position einer »öffentlichen Person«, also einer, die der Öffentlichkeit gehört, deren Eigentum wurde. Solch eine Person kann, darf oder will sich nicht wehren, wenn man sie öffentlich macht, sei es in den Printmedien oder im Fernsehen. Da sie ja unablässig alles dazu tut, um öffentlich gesehen zu werden. Eine Person also, die nur am Leben zu sein scheint, wenn dies geschieht. »Man sieht Sie ja gar nicht mehr!« – ihr Todesurteil.

Aber ungeachtet dessen gab es zu allen Zeiten Menschen öffentlichen Interesses, die dieses Interesse kraft ihrer Persönlichkeit auf sich zogen und dennoch nie zu Personen unseres Gesellschaftstreibens wurden. Dies war oder ist der Fall, wenn Persönlichkeiten anderen Menschen in irgendeiner Weise etwas zu vermitteln oder zu geben in der Lage sind. Wenn man sehen und hören will, was aus ihnen wirkt oder spricht, und nicht nur simples Vorhandensein dem Blick der Öffentlichkeit Genüge tut. Wenn man durch sie Einblick und Ausblick gewinnen kann. Wenn schöpferisch Neues durch sie entsteht, das den alten Trott des Dahinexistierens aufhebt.

Schon immer also war es der schöpferische Mensch, der Menschen anzog. Den anzusehen sie reizte. Und dies dann nicht, um Sensationslust oder Neugier zu befriedigen, sondern um lebendiges Leben zu sehen. Der wahre künstlerische Mensch ist vor allem Ausdruck lebendigen Lebens, und wenn einer dies nicht vermittelt, ist er bestenfalls Kunst-Macher, Trendsetter oder »Promi«.

Überlegungen dieser Art haben mein Leben begleitet, sind legitim für jemanden, der mit der »Schau« teils auf gutem Fuß steht, teils eine einzige Ablehnung dagegen ist. Ich wurde bekannt als Schauspielerin, später als Liedsängerin, Textautorin, Schriftstellerin. Ich stand in meinem Leben vor und hinter Filmkameras, war sowohl Objekt als auch Regisseurin. Ich sprach lange Zeit interpretierend fremde Texte, wurde aber mehr und mehr von der reinen Interpretin zu einer, die eigene Inhalte sowohl formuliert als auch wiedergibt. Ich war – und bin es vielleicht immer noch – eine Person öffentlichen Interesses und habe gleichzeitig das Öffentlichsein ständig unter meine eigene kritische Lupe genommen. Habe immer wieder unter der Balance zwischen Veröffentlichung und persönlichem Geheimnis gelitten, weil es dabei immer wieder zu Abstürzen kam, die zu verhindern mir nicht gelang. Am wohlsten wurde mir letztlich, wenn ich mit Büchern in die Öffentlichkeit ging, sie »herausgab«, und dem einzelnen Leser überließ, wie er sie annehmen will.

Das Gesehenwerden ist bis heute ein Begleitumstand meines Daseins geblieben. Ich werde auf Bühnen gesehen, singend, lesend, vielleicht auch mal wieder schau-spielend – manchmal bin ich im

Fernsehen zu sehen, in eigenproduzierten neuen oder zum x-ten Mal wiederholten alten Filmen, oder ich trete in irgendwelchen Talkshows auf – ich merke, wenn ich im Wienerwald spazieren gehe oder ein Restaurant betrete, dass ab und zu Menschen mich ansehen und erkennen. Und immer wieder richten sich Fotoapparate auf mich, bei all den genannten Gelegenheiten, aber auch für Zeitungsinterviews und Presseaussendungen. Man hat gelernt, sich dem Fotografiertwerden zu stellen, ohne es als feindlichen Angriff zu betrachten. Aber »schießen« tun diese Apparate allemal, und auf der Hut vor ihnen muss man bleiben.

Vortrag zum Thema »Männergesundheit. Gedanken zu Sexualität und Erotik, weiblich gedacht« im Rahmen einer pharmazeutischen Veranstaltung, bei der es letztlich um Viagra ging
8. Juni 2004

Männergesundheit

Meine Triebfeder – was für ein Wort, gleich zu Beginn: Trieb-feder! – heute hier das Wort zu ergreifen, lag vielleicht darin, persönlich für die geforderte Thematik eher unsymptomatisch zu sein. Vielleicht aber lässt einen dieser Umstand bei jedem Thema Symptome besser wahrnehmen und erkennen, wage ich zu behaupten.

Wenn es also hier und heute um Männergesundheit, Beziehungsprobleme und den weiblichen, korrigierenden Blick auf beides geht, muss ich vorerst feststellen: ich habe nie eine als »normal« zu bezeichnende Ehe geführt, nie ein Mehr an Familienleben genossen als die Liebe und alleinige Sorge für meine Tochter und meinen Enkelsohn. Ich habe mit Männern sehr wenig Alltagsleben geteilt. So gesehen war ich nie »Familienmanagerin«, und die Begriffe »Partnerschaft« oder »mein Partner« lehne ich für private Beziehungen ab, ich benutze sie nur im beruflichen Bereich.

Aber andererseits habe ich Männer, und nicht nur einen Mann, facettenreich und mit großer Zuneigung erlebt und erfahren. Schlicht gesagt, liebte und liebe ich stets das Männliche im Mann. In un-

serer gottlob frei und sogar betont auf Homosexu-
alität und Androgynität ausgerichteten Gesellschaft
war, bin und bleibe ich ein hoffnungslos einseiti-
ger, ja leidenschaftlicher Hetero. Und das, obwohl
ich gegen Männer ankämpfen musste, um meine
Eigen- und Selbstständigkeit zu erlangen, und der
Begriff »Emanze« ab etwa meinem vierzigsten Jahr
als Daueretikett auf mir klebte und sich bis heute
noch nicht gänzlich entfernen ließ.
Dabei pauschaliere ich so ungern. Ich sage so
ungern »die Männer«, »diese Männer« oder »die
Frauen«, »wir Frauen«. In meinen heutigen Ausführungen werde ich jedoch um ein paar Pauschal-
Behauptungen nicht herumkommen.
Nummer eins: Männer leben mit ihrem Körper,
Frauen in ihrem Körper. Das drückt sich in der Sexualität aus und bestimmt auch den Umgang eines
Mannes mit seiner Gesundheit. Selten erfühlt er
den Zustand seiner Physis, er beobachtet ihn irri-
tiert, als wäre sein Körper ein fremdes Objekt, das
zu funktionieren hätte. Daraus resultieren männliche Hypochondrien, bei denen ein Schnupfen
zur Tragödie werden kann. Diesen Erfahrungsbereich an Beobachtungen habe ich jedenfalls weidlich durchwandert, und sowohl beruflich als auch
privat meine eigenen Erkrankungen nichtiger Art
hintangestellt, um dem Manne an meiner Seite in
seiner elementaren Not mit Rat und Tat beizuste-
hen. Da werden willig Medikamente geschluckt,
die man herbeischleppt und deren Wirkung man
verspricht, da wird auf zartfühlendes Mit-Leiden
Wert gelegt.
Sobald sein Körper jedoch etwas Grundlegendes
ausspricht, und ich bin der festen Meinung, dass
Aussprache und Aufschrei, die wir unserer Seele

nicht gewähren, sich körperlich zu Wort melden, will der Mann es nicht gern hören. Wir alle wissen, und auch alle Männer wissen dies, dass es selten gelingt, mit ihnen Gespräche zu führen, die über Rationales und Alltägliches hinausgehen. Diese Verhaltenheit des Austauschs haben sie auch mit ihrem Körper. Bei einem Arzt ganz offen über körperliche oder gar seelische Schwierigkeiten und Probleme zu sprechen, ist dem Manne nur schwer möglich. Frauen, vor allem Schwangeren, Gebärenden und Müttern, ist dies naturgegeben viel mehr Selbstverständnis. Da er die Fragen des eigenen Körpers gern unbeantwortet lässt, wie sollten ihn da die Fragen eines Arztes nicht irritieren!

Jede Frau (Pauschalierung Nummer zwei) kennt in Beziehungen bei Sichtbar- oder Fühlbarwerden irgendwelcher Beschwerden dieses männliche Schwanken zwischen »Aber was, mir fehlt nix, mach kein Theater« und andererseits einer Wehleidigkeit sondergleichen, die von kaum einer Frau an Theatralik zu überbieten ist. Der ruhige und vernünftige Vorschlag, lieber zum Arzt zu gehen und sich anschauen zu lassen, als sofort dem nahenden Tod ins Auge zu schauen, stößt meist auf Empörung. Man sei herzlos, »du immer nur mit deinem Arzt, der kann eh nie helfen«, heißt es dann. Die Sachlichkeit, mit der Frauen auf ihren Körper und auch auf ihre Emotionen eingehen können – ja, das Weibliche denkt klar mit dem Gefühl, im Manne herrscht die Vorstellung, man verlöre bei Gefühlen den Verstand. Diese Sachlichkeit ist Männern oft suspekt. Und das, obwohl Sachlichkeit im Leben vieler Männer als Maxime dominiert und Empfindung, Intuition, Instinkt und Leidenschaft als »Ausrutscher« verworfen werden. Genau diese Einschätzung ist es jedoch, die ihrer körperlich-seelischen Ausgewogenheit im Wege steht und sich auf ihre Gesundheit auswirken kann. Weil auf diese Weise Empfindung, Intuition, Instinkt und Leidenschaft als gelegentliches Fehlverhalten angesehen und nicht ausgelebt werden. Männer, auch wenn sie, oder gerade wenn sie ausschweifend leben, leben so schwer ihr menschliches Potenzial aus. Also das, was an Zartheit, Zärtlichkeit, Liebesfähigkeit und unbeschwerter Sinnenfreude in ihnen ist. Dem entgegen steht nahezu unverrückbar die vom Manne sich selbst oktroyierte Forderung, zu erobern, oder wenigstens wie ein Eroberer zu wirken, unablässig mögliche Objekte der Lust aufzuspüren, oft ohne wirklich Lust dazu zu haben, und seine lebenslange Abhängigkeit von der Funktions-Tüchtigkeit seines Geschlechtsorgans.

Kommen wir also zur Sexualität, um die es ja heute bei der dezent so titulierten »Männergesundheit« letztlich gehen soll. Sex – und hören Sie nur, wie dieses Wort klingt – Sex – ist weitgehend zum Kampf- und Leistungssport mutiert und hat mit Erotik wenig zu tun. Die ausgezeichnet gemachte Fernseh-Serie »Sex and the City« beschreibt dies gnadenlos, man sitzt davor wie vor einer Kriegsberichterstattung.

Wenn Sie im Duden nachsehen, finden Sie unter »Eros« den griechischen Gott der Liebe, unter »der Eros« die sinnliche Liebe, jedoch in der philosophischen Ausdeutung auch: Drang nach Erkenntnis. Und »die Erotik« wird als die den geistig-seelischen Bereich einbeziehende sinnliche Liebe definiert. Das sind u. a. auch klare Aussagen zur Sinnlichkeit, die in unserer Gesellschaftsform als freie, genussvolle Lebens-Schönheit kaum noch wahr-

34

genommen wird. Krampfhaft versuchen die Leistungsbürger der Marketing-Zivilisation sich in der übertriebenen Bedeutung erlesenen Essens und Trinkens, durch zwanghafte Unterordnung im Hinblick auf die Zeitgeist-Trends Wellness und Fitness, und mit einem möglichst wunschgerecht gestylten und gestählten Körper Sinnlichkeit zugänglich zu machen. Aber statt sinnlich zu genießen, plagt man sich. Also Mühe und Bemühung statt einfacher sinnlicher Freude. Ebenso wie diese uns vom Kommerz anbefohlenen Forderungen nichts mit Sinnlichkeit zu tun haben, hat die Kampfstätte des üblichen und unermüdlichen Kreuz-und-quer-Geschlechtsverkehrs mit Erotik nichts zu tun. Man beachte letzteren Begriff! Geschlechts-Verkehr! Ein Wort erklärt oft mehr als viele Worte. Eine erotische Verbindung zwischen Menschen ist nicht regelbar wie eine Straßenkreuzung, sie hat mit der geheimnisvollen Struktur geistigen Lebens zu tun, mit Bereichen von Fantasie und Imagination, und mit dem Wunder unserer Sinne, die den Erfahrungsbereich unserer Körperlichkeit und auch den unserer Seelen auszuweiten und zu bereichern in der Lage sind.

Dort, wo Geheimnis und Fantasie fehlen, bleibt einem armen Männerkörper nur noch die nackte Wahrheit. Und die ist eben leicht zu erschüttern. Eine sehr deftig aufs Deftige ausgerichtete Münchnerin sagte einmal zu mir, und verzeihen Sie, dass ich es ebenso deftig weitergebe: »Bei uns fallt wenigstens nix um!« Diese gewisse Grausamkeit zwischen den Geschlechtern ist es doch, die Impotenz (also das Es-nicht-mehr-Können, wie bei einem Schüler, der unter den Augen des strengen Lehrers in Panik ausbricht) und in der Folge das Verweigern intimer Annäherung erzeugt. Nicht nur der Mann selbst, auch Frauen können auf kalter Leistung bestehen, wenn sie nicht lieben. Da, wo es lieblos zugeht, bleibt jede Form von geglückter Intimität auf der Strecke. Und das ist traurig. Ist für jeden Menschen, ob Mann oder Frau, traurig. Vor allem im Älterwerden, wenn es nicht mehr darum gehen kann, einander, oder einen anderen, mit Reizen der knackigen Körperlichkeit geil oder gierig zu machen, bedürfte es der Zärtlichkeit. Eines zärtlichen Begehrens. Nicht »Liebe machen«, sondern Liebe fühlen. Einander herzen, und nicht miteinander ringen. Sich die Lust nicht abzuringen, sondern sie entstehen zu lassen. Und Letzteres, meine Damen und Herren, ist in keiner Weise altersbedingt, ich weiß, wovon ich spreche. Es kann uns glücken bis ans Ende unserer Tage, sollten wir dieses Glück geschenkt bekommen. Und stets ist dieses Geschenk ein Quell von Lebensfreude und seelischer und körperlicher Gesundheit, auch im Alter. Nur ist es die Natur von Geschenken, dass man sie leider nicht erzwingen kann. Aber bereit sein für sie, das kann man. Ja, man muss Geschenke auch annehmen können.

Sicher kann ein Arzt, dem er zu vertrauen lernt, kann Viagra einem Mann auf die Sprünge helfen, wenn er meint, sexuell zu versagen. Und vor allem dann, wenn er die körperliche Vereinigung mit einem Menschen sucht, mit dem er sich seelisch so vereint fühlt, dass auch sein Körper sich danach sehnt und es dennoch nicht erfüllen kann. Wie in allen Bereichen des Lebens ist auch in der Sexualität das Wegfallen von Angst erlebens-notwendig. Nun ängstigt uns das menschliche Da-Sein ja beständig, und leider nicht zu Unrecht, nichts ist schwerer, als die eigenen Ängste loszulassen. Wie sollte dies in der Umarmung, im tiefsten Austausch und Sich-Preisgeben zweier Menschen plötzlich leicht gelingen?

Wir werden angstfrei, wenn wir lieben. Eine Platitüde, kann man dazu sagen. Oder aber man kann versuchen, das Thema Angst gemeinsam – wenn es liebende Gemeinsamkeit gibt – auch offen ein Thema werden zu lassen, sich nicht ständig gemeinsam an den Ängsten vorbeizumogeln, sondern ihnen gemeinsam ins Auge zu sehen. Gemeinsam. Gemeinsamsein erwächst nur aus Liebe, alles andere wäre Zweckgemeinschaft, feige Gewohnheit oder Bündelei, und bei solchen Verknüpfungen ist Gesundheit von vornherein nicht behütet, da kann keine Frau irgendetwas ausrichten, da müssen beide schauen, wie sie überleben. Also sprechen wir von liebender Zuwendung und dem Versuch, einander behutsam und liebe-voll dabei zu helfen, die Angst vor dem Arzt, vor der Krankheit, vor dem Versagen und vor der eigenen Scham zu überwinden. Denn Hilfe brauchen wir im Zwischenmenschlichen allemal. Und unser Körper ist es, der danach ruft.

Die Macht der Gefühle

Ich fühle mich nicht gut. Ich fühle mich hier sehr wohl. Ich fühle mich einsam. Ich fühle mich von dir bedrängt. Ich kann es Ihnen nachfühlen. Dafür hab ich leider kein Gefühl. Ich fühle mich missverstanden. Endlich fühle ich mich einmal verstanden. Bei ihm fühle ich mich aufgehoben. Ich fühle mich alt. Ich fühle mich schlicht alleingelassen. Ich fühle eben das Wetter. Keine Zeit für Gefühle. Folge einfach deinem Gefühl. Undsoweiter, undsoweiter.

Das alles sind Sätze unserer Alltagssprache, Sätze, die auch im Wortschatz derer vorkommen, die Gefühlen abhold sind und nur den Verstand als Lebensregulator bejahen. Also im Wortschatz der meisten. Denn die meisten Menschen sind geneigt, sich von Gefühlen bedroht zu fühlen.»Ich fühle mich von Gefühlen bedroht«, könnte man obigen Sätzen übrigens als Schlüsselsatz hinzufügen. Als einen, der selten ausgesprochen wird, aber ein Gefühl ausspricht, das viele unausgesprochen in sich tragen.

Gefühle haben Macht. Darum geht es ja hier und heute, um die Macht der Gefühle, das ist es, worüber zu sprechen ich aufgefordert bin. Eine Aufforderung, der ich gerne nachkam, obwohl

38

mir bewusst war, dass zu diesem Thema theoretisch schon viel, ja nahezu alles befunden und gesagt wurde. Da mir aber auch bewusst ist, wie wenig in der Praxis nach diesen Theorien gelebt und gehandelt wird, möchte ich einen lebensnahen – ja, sagen wir »praktischen« Beitrag zu diesem Thema liefern.

In allem, was ich selbst tue, habe ich stets im Sinne einer praktischen Umsetzung erdacht, erschaffen und gehandelt. Nicht dass ich ein praktisch veranlagter Mensch wäre, bei den sogenannten praktischen Dingen des Lebens versage ich völlig. Aber im anderen Lebensbereich – ich kreise ihn mit den Begriffen Kunst, Philosophie, Spiritualität ein wenig ein –, da kann ich mit Praxisferne, mit reinen Gedankenspielereien, mit »l'art pour l'art«, mit Abgehobenheit nichts anfangen. Ich suche immer und auch darin – nein, im Besonderen und fast ausschließlich darin! – das Leben.

Das Leben suchen. Nun kann man das nicht einfach so sagen, ohne sich selbst und den anderen klar zu machen, was man unter »das Leben« versteht. Meint man die Zeitspanne eines Menschenlebens zwischen Geburt und Tod? Oder meint man organisches Leben, bislang nur auf unserem Gestirn Erde für uns zugänglich und im Kosmos von Wissenschaftlern begierig gesucht?

Ohne dieses rein verstandesmäßige Verständnis gänzlich außer Acht zu lassen, gilt der Begriff Leben auch und vor allem für etwas Umfassenderes: nämlich das Zusammenspiel von Seele und Körper, von Sinn und Schicksal, Tod, Vergehen und Werden, eingewoben in den großen Verbund der Energien, die das All und alles und jedes, bis hin zum letzten Atemzug auf Erden, in Bewegung halten. Ich meine also jenes Leben, welches der Vergänglichkeit trotzt und den Tod über-lebt, weil es geistigen und nicht nur körperlichen Ursprungs ist. Weil es göttlich ist. Schon diese meine Beschreibung und Ausführung wird vom reinen Verstandesmenschen als kopflos emotional abgetan werden, das weiß man. Wer aber in seinem Leben eine Lebendigkeit sucht, die über die Beweglichkeit von geschultem Intellekt und fit-trainierten Körpergliedmaßen hinausgeht, kommt um Gefühle nicht herum.

Ich beobachte immer wieder, dass nüchterne, gefühlsarme Verstandesmenschen fast nie vor der Sentimentalität zurückschaudern, im Gegenteil, sie macht sie weich. Sentimentale Gefühlsduselei wird häufig mit Gefühl verwechselt, man bedenke nur, was an süßlicher Nichtigkeit und gehirnloser Banalität Liebesgeschichten zu erzeugen in der Lage sind, und das nicht nur in schlechten Filmen. Nicht umsonst wurde das von uns Menschen am häufigsten benannte und ausgesprochene Gefühl die Ver-liebtheit. Meist ist es der einzige Bereich, den wir als Raum für unsere Gefühle überhaupt zulassen. Bis uns dort die große Enttäuschung auflauert, wir uns um den Aufwand an Gefühlen, den wir getrieben zu haben meinen, betrogen fühlen. Denn Verliebtheit ohne Enttäuschung gibt es letztlich nicht, machen wir uns nichts vor. Und sei es schlicht die Enttäuschung, dass diese eines schönen Tages endet, enden muss, auch ohne spektakuläre, äußerliche Tragik, dass sie im unerbittlichen Sog der Zeit einfach still in sich zusammenfällt wie ein müder Luftballon, in den gar nicht mehr wild hineingestochen werden musste, den man nur einfach in einer Ecke vergaß. Also ziehen wir die Pflänzlein von Liebes- und Gefühlsfähigkeit sofort wieder angstvoll in uns zurück, werden staubtrocken vor Nüchternheit und kurzerhand zu gefühlsscheuen Skeptikern, die dem eigenen Leben mit sachlicher Planung und der Verweigerung von Emotionen beikommen wollen. »Gefühle bringen nichts« wird festgestellt, da tut einem meist nur irgendetwas weh, ein Schmerz wird wach, den man nicht versteht, und den verstehen zu lernen man von sich weist. Wozu das. Es gibt Wichtigeres im Leben, wird behauptet.

Und kaum jemand, der die Gegenbehauptung aufstellt. Wir glauben uns sicher im Kreis der Gefühlsverweigerer rund um uns. Das Leben ist hart, also besser hart sein und bleiben und Gefühle nicht zulassen. Ohnehin weiß man nicht, wie mit ihnen umgehen.

Niemand lehrt uns das Fühlen. Nicht für die Schule, für das Leben lernen wir, heißt es doch großspurig, um Schüler zu motivieren, der Schulzeit standzuhalten. Mit diesem Satz wird der Leistungsdruck bemäntelt, der bereits in den Schulen für das Leben vorbereiten soll. Wir lernen für ein Leben, das aus Wettstreit, kaltem Wissen, Überlegenheit, »the winner takes it all«, Raffinesse, Kalkül, Härte sich selbst und anderen gegenüber, und der immerwährenden Sachlichkeit in allen Fragen des Lebens zu bestehen hat.

Aber ich will jetzt und hier nicht am Schulwesen herumkritisieren, weder am heutigen noch an dem vergangener Zeiten. Mein Enkelsohn besuchte bis zur Matura ein Wiener Gymnasium, und er tat es gern, obwohl in stetigem Kampf mit seiner Faulheit und jugendlichen Bedürfnissen, die außerhalb der Schule lagen. Ich hatte jedoch nie den Eindruck, dass er, auch wenn er versagte, sein Versagen der

Schule oder seinen Lehrern vorwarf. Obwohl er bei meinen Schilderungen wiederum mich belächelte, die ich so gern, nahezu inbrünstig in die Schule gegangen war, weil es nach den Wirren des Zweiten Weltkriegs für mich Labsal wurde, in Frieden auf einer Schulbank sitzen zu dürfen, ohne vor den Bomben flüchten zu müssen. Weil ich in der Möglichkeit zu friedvollem Erlernen und Erkennen ein Geschenk sah. So gesehen lernte ich für das Leben, weil ich plötzlich ein Leben ohne Krieg erfuhr und den Reichtum wahrnahm, den wir aus Lernerfahrung und Bildung gewinnen können. Fassungslos vor glücklichem Staunen erfuhr ich, dass es das Lesen und das Schreiben gibt. Und die geheimnisvolle Welt der Mathematik, die sich mir stets verschloss, obwohl ich von ihr fasziniert war. Dass sich mir aber in Büchern Welten auftaten, von denen ich nichts geahnt hatte. Welten der Imagination, aber auch und vor allem Welten des Gefühls. Ich wage zu behaupten, dass mir die Schule nicht nur ein Gefühl für das Leben gab, sondern mich auch darin unterrichtete, Gefühlen Beachtung zu schenken. Gefühle nicht kraft meiner Intelligenz zu verwerfen, sondern sie als Teil meines Verstandes zu sehen. War dies nun Frucht der Schulbildung, die ich genoss, die der untypisch gefühlvoll-behutsamen Lehrpersonen, die meinen Schulweg begleiteten? Oder war es die Bereitschaft meiner Charakterstruktur, den Gefühlen Klugheit und Entschiedenheit zuzugestehen und sie nicht nur als sumpfig brodelndes Gelände zu betrachten, das einen ängstigt und dem man lieber ausweicht?

Wie auch immer dies in meinem persönlichen Fall gewesen sein mag, ich komme jetzt zu einer verallgemeinernden und vielleicht ein wenig pauschalierenden Feststellung, die außerdem ein ziemlich alter Hut ist: Das Weibliche – bewusst sage ich jetzt nicht: die Frau – kapselt sich weniger gegen Gefühle ab, kann Kopf und Emotion in Einklang bringen. Kann. Aber nur bei bester intellektueller Ausrüstung.

Es müsste sie geben, die Lehre vom Gefühl. Ich würde sie als Unterrichtsfach in den Schulen einführen, um dort für ein Leben vorzubereiten, welches dem Schüler in Wahrheit bevorsteht – oder bevorstehen sollte: für das Leben als fühlender Mensch, und nicht für das eines mit Wissen gespeicherten Funktionsträgers einer funktionstüchtigen Leistungsgesellschaft. Robert Musil behauptet,»dass das Wissen mit der Habsucht verwandt; einen schäbigen Spartrieb darstellt; ein überheblicher innerer Kapitalismus ist«. Er behauptet dies in seinem»Mann ohne Eigenschaften«, und ich kann mich seiner Behauptung nur glühend anschließen. Gemeint ist in diesem Fall nicht das Wissen um geistige Zusammenhänge, dieses Wissen, das zu Weisheit führen kann oder könnte. Das abrufbare, aufzulistende, sportive Wissen der Tabellen, Lexika und Quiz-Shows ist gemeint, das jeder Trottel sich anlernen kann, und das man»Allgemeinwissen« nennt. Ihn mit diesem Wissen vollzustopfen, hat noch keinen Menschen wirklich gescheiter gemacht. Hat nicht wirklich etwas mit Heranbilden, mit Bildung zu tun – also der Fähigkeit, sich ein Bild von dem zu machen, was uns als Spezies Mensch ausmacht, dabei Historie, Gegenwart und den ständigen Fluss zum Zukünftigen hin in allen Bereichen überschauend. Um Bildung zu erlangen, muss Detail-Wissen beiseitegeschoben werden. Es muss zugunsten des Substanziellen in den Hintergrund treten, Hintergrund werden auf dem Bild, das unsere Bildung aus dem Wust, dem Gerümpel der Spezialisierungen und Normen hervorholt. Das Gefühl für Komplexität gehört wachgerufen, und das Gefühl für Einfälle und Ausblicke. Ja, das Gefühl gehört wachgerufen! Wahre Bildung ist stets Herzensbildung, eine Schulung des Gefühls.

Aber großteils herrscht grausame Un-bildung, machen wir uns auch dabei nichts vor. Es gibt Fachleute und Spezialisten, und das auf allen Gebieten. Fachleute und Spezialisten dirigieren die Welt. Technik, Wirtschaft, Kriege, alles von Spezialisten geleitet. Sie besitzen die nötige Gefühllosigkeit und einen ausreichend um menschliche Vernunft reduzierten Verstand. Beides sind herrliche Instrumente, den weltweiten Wahnsinn blühen zu lassen, der uns als »Fortschritt« verkauft wird. Und die führenden Spezialisten sind ungebildet genug, es der Heerschar von unterworfenen Ungebildeten auch immer wieder glaubhaft verkaufen zu können. Spezialisten an sich sind universal ungebildet, eben weil sie Spezialisten sind. Und mehr und mehr wird der Mensch zum Spezialistentum erzogen, zum »dummen Wissen«, wie ich es für mich nenne.

Wenn wir also in den Schulen den Umgang mit Herzensbildung, mit Gefühlen nicht gelehrt bekommen, sondern alles, was wir lernen müssen, uns dazu auffordert, sachlich bei der Sache zu bleiben, lernen wir auch nicht, unsere ungelenken Gefühle zu bändigen. Ja, ungelenk, untrainiert, äußerst wackelig bewegen wir uns auf dem Terrain unserer Gefühlswelt, die doch meist im Dunkeln liegt und kaum betreten wird. Reichlich wissen wir seit Freud, was »Verdrängung« heißt, was also verdrängte Gefühle mit uns anrichten können. Sie bringen jegliches, das uns die Klarheit schmerzlicher Erfahrungen mitteilen wollte, wieder zum Verschwinden. Die Klarheit schmerzlicher Erfahrungen, ja. Ich komme also zu den Begriffen »Schmerz« und »Erfahrung«. Das heißt, nicht um die Begriffe, sondern um deren Begreifen geht es. Wir müssen begreifen lernen, dass nur Schmerz, dessen Annahme und die daraus resultierende Erfahrung uns Maß und Bändigung unserer Emotionen lehrt. Aber unsere Gesellschaft will von Schmerz, Verlust und Tod nichts wissen. Da besteht eine kollektive Verdrängung.

Jeder, den das Schicksal schlug, sei es mit der eigenen Todesbedrohtheit durch eine schwere Krankheit oder durch den Verlust eines geliebten Menschen, der starb, kann ein trauriges Lied davon singen, wie einem dabei andere Menschen zusätzlich verlustig gehen. Wie man gute Freunde plötzlich nicht mehr zu Gesicht bekommt, und einige, die einem nahestanden, sich für immer entfernen. Das hat schlicht mit deren Angst und der daraus resultierenden Verdrängung zu tun. Nur ja sich nicht auf den Schmerz eines anderen einlassen, nur ja nicht vom Mit-Leiden, vom Mit-Gefühl bedrängt werden. Nur ja das Unheil, den Schicksalsschlag nur beim anderen, fernab dem eigenen Leben belassen. Dort ist das Unglück, weit weg, und ja nicht hier bei mir oder auch nur in meiner Nähe!

Andererseits neigt auch ein Großteil Betroffener dazu, die eigene Angst, die eigene Trauer nicht zuzulassen. Lieber so weiterleben, weiterwurschteln, als wäre nichts geschehen, lieber auf Reisen gehen, sich ablenken, als dem Schmerz Raum zu geben, als die Trauer zu durchwandern.

Aber in beiden Fällen von Abwehr wird sie wirksam, die Macht der Gefühle. Besser: die Macht der verdrängten Gefühle. Wenn Gefühle nicht strömen, hindurchströmen dürfen – fließen, weiterfließen –, wenn man sie in sich zurückhält und staut – dann treten sie auf andere Weise gewalttätig zutage. Dann überschwemmen und durchsetzen sie den Körper, lassen ihn nicht gesunden, oder machen ihn krank. Dann zeichnen sie grausam, rauben jeden Glanz innerer Schönheit, dann entstehen diese bitteren, mühsam aufrechterhaltenen, trüben und gierigen Gesichter, die man Tag für Tag scharenweise an sich vorbeidefilieren sieht. Welche Freude macht doch in der Wüstenei vertrockneten, versteinerten Lebens der Anblick eines freudigen, offenen, ungeschützt lebendigen Antlitzes? Habe ich nicht recht? Und dieser Anblick hat mit Jugend nichts zu tun, auch in jungen Gesichtern kann sich bereits Leblosigkeit und Dürre breitmachen. Gefühle öffnen ein Gesicht. Der Mangel an Gefühlsbereitschaft verschließt es. Und das geschieht rasch, wenn nichts diese Bereitschaft wachruft und fördert. Jeder gerät vorerst feinfühlig ins Leben, jedes Kind fühlt, ehe es zu denken beginnt. Ein junger Mensch jedoch, dessen Gefühle man unbeantwortet lässt, mehr noch, dem man sie ausredet oder verbietet, wird den natürlichen Zugang zu einem wachen und frei schwingenden Gefühlsleben rasch und meist für immer verlieren. Ich komme zurück auf das Erlernen von Gefühl, das man uns Menschen im normalen Bildungsprozess verweigert. Wir selbst, mit der Empfindung des Ungenügens alleingelassen, müssen Suchende werden und aufbrechen, uns Belehrung dieser Art zu holen. Aufbrechen, uns auf den Weg machen – und uns selbst aufbrechen, öffnen, zugänglich werden lassen. Wegbegleiter und Motor dieser Reise zu einem er-fühlten, erfüllten und menschenwürdigen Leben hin, zu einem, das in keinem Werbekatalog für Wellness und Lifestyle beschrieben werden kann, weil es außerhalb aller materialistischen Normen angesiedelt ist, kann nur die Liebe sein. Die Liebe. Abgebrauchtes und oft missbrauchtes Wort, und als Begriff deshalb ebenso erklärungsbedürftig wie eingangs »das Leben«.

Ich sprach zuvor von der Verliebtheit als dem endlichsten und trügerischsten aller Gefühle. Und das ist sie wohl auch. Weil sie ausschließlich in der Enge von Ich und Für-mich-haben-wollen eine Weile lang blüht, so lange, bis das Begehren erlischt. Begehren und Begierde sind kurzlebige, hormonell gesteuerte Aufbrüche und Ausflüge, aber schön genug, um sie uns immer wieder mit Liebe verwechseln zu lassen. Was, uns allen bekannt, Nietzsche auf den Punkt brachte mit seinem: »Denn alle Lust will Ewigkeit, will tiefe, tiefe Ewigkeit«. Dieses Wollen, diese heiße Sehnsucht kennen wir alle, auch der Gefühlsscheueste unter uns, irgendwann und irgendwie wird fast jeder vom Trieb zur erotisch-sexuellen Selbstauflösung überfallen, natürlich mit verschiedenartiger Intensität und Zeitdauer. Wir verlieben uns meist »für immer«, und verlassen einander meist bald.

Aber die Verliebtheit kann auch Eingang werden, eine Tür zur Bewusstwerdung dessen, was Liebe an sich bedeutet. Wenn einem gelingt, über die eigenen Fiktionen und Wunschvorstellungen hinwegzukommen und in den Bereich einer umfassenderen Sehnsucht und Wahrnehmung zu geraten, kann man Liebe vielleicht als das erfahren lernen, was sie ist. Als Freude des Herzens, die im

Loslassen Geschenke erfährt. Als lebendigste Gelassenheit. Als Lebensbetrachtung, die jegliches mit Anteilnahme umschließt. Als Bejahung des Seienden, die auch bei Kritik und schmerzlicher Sicht nie gänzlich erlischt. Als unablässige Sehnsucht nach einem von Friede, Freude und Freiheit beatmeten Lebensgefühl, eine Sehnsucht, die nie zu Lebensgier wird.

Lebensgier wird uns ja unablässig angelernt und eingetrichtert. Von Gier und nicht von Freude gesteuerter Ansporn und kriegerisch ehrgeizige Zielvorstellungen werden uns beständig oktroyiert, keuchend und atemlos durchs Leben hetzend, zitieren wir dennoch nahezu begeistert den »Stress«, mit dem wir meinen, leben zu müssen. Wir zitieren ihn so, unseren »ständigen Stress«, als bedeute dieser einen uns verliehenen Orden, ein Siegel, das uns Lebensberechtigung zusichert. In der Ausübung, also Praxis unseres Alltags leben wir mehrheitlich als Getriebene, wie Kutschpferde, die vorwärtsgepeitscht werden, und dabei das Gefährt, vor das sie gespannt sind, allmählich zertrümmern. Wir machen uns kaputt, und wissen letztlich nicht, wofür. Ist die Arbeitssucht, der »Workaholism«, nicht ein ebenso wirksames Mittel, sich emotionalen Fragen nicht mehr zu stellen, wie es die Suchtmittel Drogen und Alkohol weltweit und in allen sozialen Strukturen seit jeher sind? Und so, wie ein guter Wein, eine Zigarette nach dem Essen Köstlichkeiten des Lebensgenusses sein können, ist auch das maßvolle Arbeiten, das zeitweise innere Verschmelzen mit einer Tätigkeit, die unser kreatives Potenzial bewegt, oder auch nur ein pflichtbewusstes Der-Arbeit-Nachgehen, weil wir damit unseren Lebensunterhalt bestreiten, dem Lebens-Gefühl nicht abträglich. Dem Gefühl also, am Leben zu sein. Was aber auffällig wird, ist die Leblosigkeit derer, die sich sinnlos und im wahrsten Sinn dieser Floskel »zu Tode schuften«, und das, ohne von Elend und Tyrannei dazu gezwungen zu sein, sondern inmitten unserer westlichen Wohlstandsgesellschaft. In der natürlich auch Armut blüht. Aber wovon ich spreche, sind die freiwilligen Arbeitstiere um jeden Preis, sind jene Menschen, die kein Gefühl mehr für das Leben haben, das ihnen einstens geschenkt wurde. Die sich ramponieren, um jede Konfrontation mit der Gefühls-Welt zu vermeiden.

Es gibt sie, diese Gefühls-Welt, sie ist auf der Welt, sie steuert uns, sie steuert, was auf Erden, in unserer Welt der Tat-Sachen, geschieht und Geschichte wird. Sie steht hinter jedem weltpolitischen Geschehen ebenso wie hinter jedem privaten Krieg, den zum Beispiel eine in die Brüche gehende Zweisamkeit anfachen kann. Was zwischen zwei Menschen an ungebändigter, unreflektierter Emotionalität möglich ist und oft menschliche Katastrophen auslöst, verursacht potenziert, aber mit gleicher emotionaler Struktur, auch jede weltweite politische Katastrophe.

Sich vor allem schlicht am Leben zu fühlen und lebendig, und dieses Leben letztlich als ein Geschenk zu betrachten, erscheint mehrheitlich als unannehmbare Lebenspraxis und wird als Absurdität abgetan. Man spricht vom Lebenskampf mehr als von der Lebensfreude, man fürchtet Verluste durch Schicksalsschläge mehr als den Verlust seiner eigenen, weichen Berührbarkeit. Man möchte unberührbar werden, gefühllos.

Ich selbst pflege nach meinen Konzerten und Lesungen, wenn Menschen auf mich zukommen, um mir ihre Zustimmung mitzuteilen, diese mit meiner Hand zu berühren. Indem ich sie ihnen reiche oder auf die Schulter, den Arm lege mit sanftem Druck. An so mancher Reaktion erkenne ich die Unüblichkeit dessen, staunende Blicke können mich treffen. Aber nie noch erlebte ich Abwehr oder Ungehaltensein. Mit einer körperlichen Berührung kann man unausgesprochen das Leben, das uns allen gemeinsam ist, anrühren. Für mich schlichte Fortsetzung des Vorganges, Menschen mit dem Wort anzurühren, die in der Tiefe uns sehr wohl verbindenden Gemeinsamkeiten im einfachen Aussprechen fühlbar zu machen. Und in den langen Jahren meiner öffentlichen Auftritte hat sich mir immer wieder bewahrheitet, dass Gefühle überspringen und Wirkung haben können.

Gefühle, unverstellt – Emotionalität ohne sentimentale Süße – das kluge Empfinden – die gescheite Seele und nicht das Seelchen – Lebensschönheit, die nicht Kitsch ist, weil ja nur das Unwahre kitschig sein kann – das Behaupten einer menschenwürdigen Welt und nicht das Absprechen jeder Würde, wenn es ums allzu Menschliche geht – für all dies waren Menschen stets zu erobern, und das, ohne sie manipulieren zu müssen. Die Eroberung durch Manipulation und Kalkül ist ja nur dort notwendig, wo gelogen wird. Sie erweist sich als unnötig, wenn es zur Berührung, zum Anrühren, zur gemeinsamen Erfahrung und Bejahung kommt. Wenn die Macht der Gefühle sich vereinend ausspricht, als eine Macht, die sich unser nicht bemächtigt, sondern uns aufgehoben sein lässt. So gesehen war »Publikum« mir stets Hoffnungsträger in der Öde der Gefühlsverweigerung, des »dummen Wissens«, und cooler, äußerlicher Verpackungskultur. Der

Kulturbetrieb unserer Tage gibt sich ja weitgehend so. Wir werden von Event zu Event geschleust, die Besucherzahlen zählen, das Museale siegt über schöpferische Gegenwart, äußerliche Wirksamkeit, also Styling, über menschlich und geistig förderliche Inhalte. Ohne Verbindung zur Emotionalität kann der Verstand nur Schrott hervorbringen. Eine Kultur, die der reinen Emotion abhold ist, wird auch der Erinnerung niemals Raum geben. Sie wird Erinnerung liebend gern mit altmodischem Traditionalismus verwechseln. Man erlebt dies weitgehend im heutigen Kunst- und Theaterbetrieb, wenn er sich modernistisch gibt, und vergisst, dass »die Moderne« immer auf dem fußte, was vor ihr war, und sich so ins Zukünftige ausdehnte. Modernismus klebt stets in der Enge des Zeitbezuges und geht auch mit dem Wechsel der jeweiligen Bezüge wieder rettungslos verloren.

Dževad Karahasan schreibt: »Das Vergessen ist das Ende der Kultur, und der Aufruf zum Vergessen ist der Auftakt zu Versklavung, zur Unterjochung von Menschen. Es ist logisch, dass sich die Totalitarismen dieses Jahrhunderts – der Nazismus explizit, der Kommunismus implizit – jeweils zum Neubeginn erklärten, also zum Vergessen aufriefen, die Erinnerung verleugneten und sie bekämpften. Solange Erinnerung existiert, sind die Menschen nicht totale Sklaven, und solange die Kultur in Form von Kontinuität existiert, ist eine Gesellschaft nicht vollkommen unterworfen.«

Ich möchte diese Zeilen nicht nur der Gesellschaft, sondern auch dem Individuum zurechnen. Die Erinnerung gehört in das Reich der Gefühle, sie wird von Gefühlen modelliert, sie verweigert sich dem gefühllosen Verstand, der sie hervorpicken, sezieren und aufspießen möchte, wie Sammler es mit toten Schmetterlingen zu tun pflegen. Erinnerungen und Träume sind Lebensbereiche, die uns Reichtum schenken, sie verbinden sich mit der Kraft unserer Imaginationen, sind durchaus bereichernder Bestandteil eines Menschenlebens, wenn dieses den Gefühlen Raum gibt und nicht im engen Haus der Rationalität verkümmert. Ratio ohne Emotion ist stets kümmerlich und verhindert Lebensqualität. Und dies wirft neuerlich auf, was ich eingangs mit der »praktischen Umsetzung« des heutigen Themas meinte. Wir leben schlicht und einfach schlecht ohne Gefühl. Wir rauben unserem Leben Qualität und Reichtum. Auf andere Weise verarmen wir bitter, wenn wir einzig und allein und ohne Vernunft dem Reichtum an Geld und Gut und der materiellen Absicherung vor Unwägbaren hinterherlaufen. Unsere ängstlich gehorteten Sicherheiten auf Erden bringen nichts, sie schüren nur die Todesfurcht.

Lassen Sie mich also zur gewaltigsten Verweigerung und Verdrängung kommen, in die der Verstand, die Ratio uns stetig flüchten lassen möchte. Ich spreche von unserer Haltung, unserem Verhalten, unserer Panik, wenn es um die Endlichkeit, um das Todesbewusstsein geht. Der Tod, der wie die Geburt emotional alles übersteigt, wovon unser Gefühl beansprucht werden kann, ist und bleibt die unbegreiflichste Gewissheit unseres Lebens. Dass es nur eine einzige Sicherheit gäbe, die, eines Tages sicher zu sterben, kann man ja durchaus mal gut gelaunt in fröhlicher Runde sagen. Dass der Tod zum Leben gehöre, gehört auch zu den Allerweltsweisheiten, die schnell jemand von sich gibt. Aber sich offenen Auges und offenen Herzens gefühl-voll auf

Gedanken und Empfindungen einzulassen, die mit Sterben, Tod und Verlust einhergehen, ist den meisten Sterblichen kaum möglich. Sie müssen alles aktivieren, was ihnen Dauer suggeriert. Also Besitz, der von Dingen, Ideen und Menschen, unentwegt Pläne schmieden, rastloses »Sich-Abstrudeln«. Wobei letzter wienerischer Ausdruck, wie es dem Dialekt häufig prima gelingt, tief blicken lässt. Sowohl die Enge eines gerollten Strudels aus Teig, der alle Fülle in sich schließt, um verzehrt zu werden, als auch die gefährlichen Wasserstrudel in Flüssen und Bächen, die einen verschlingen und ertrinken lassen können, sind bildhaft im »Sich-Abstrudeln« enthalten, was auf gut Deutsch sich abrackern, sich krankschuften heißt. In der trügerischen Dauer, die diverse Aktivitäten, Gesundheitsprogramme, feriale Animationen, verbissenes Körpertraining, das sogenannte »Anti-Aging« uns zu gewähren versprechen – in ihr halten wir uns blind und verkrochen auf, bis eines Tages die Unerbittlichkeit von Ende und Abschied vor uns steht und nach uns greift.

Aber auch wenn man den Gedanken an Endlichkeit und Tod an sich heranließ, also auch den Gedanken ans Altern, an Liebesverlust, an die stetige, schmerzliche Veränderung alles Lebendigen – wenn man all diese Gedanken an sich heranließ, ehe derlei Fakten und Tatsachen den eigenen Lebensweg berührten –, wirft es dann zu Boden, wenn sie einen treffen. Man kann nicht »vorbauen«, um Schmerz und Angst, diese elementarsten Gefühle, wenn es um den elementarsten Verlust geht, späterhin leichter zu ertragen. Das Einzige, was man erlangen kann, ist die geprüftere Einsicht. Also einzusehen, dass es Schicksal auch für einen selbst gibt, und damit verbunden auch die Aufgabe, es zu ertragen und zu tragen. Dass der Schrei »Warum gerade ich?« und wildes Anprangern der Ungerechtigkeit, die einem widerfuhr, sinnlos Gefühlskraft vergeudet, die man der Trauer schenken sollte. Dass der Hass gegen Gott und Menschen, die Wut der Auflehnung gegen das Erlittene zwar verständliche Gefühle sind, jedoch die Prüfung im Leid hinauszögern.

Ich persönlich schätze den Begriff der »Prüfung« – vielleicht weil ich, wie schon kundgetan, als Kind und Jugendliche die Schule schätzte, und Lernen, Erkennen, Bildung als Parabeln in mein weiteres Leben aufgenommen habe. Dass einen also das Schicksal »prüft«, habe ich nie von mir gewiesen. Die Art und Weise, in der man diesen Prüfungen standhält, legt Zeugnis davon ab, ob und wie man frei seinem Selbst, seinen Gefühlen gemäß lebt, oder eben unbelehrbar im Gefängnis, in der Isolation reinen Verstandesdenkens verharrt. Legt Zeugnis davon ab, inwieweit eine spirituelle Lebenssicht sich bewahrheitet, wenn man an das Äußerste an Verlust und Schmerz stößt. Die äußersten, einem bislang unvorstellbaren Bereiche von Leid sind wie Wasserscheiden, zwei Möglichkeiten tun sich auf, dem Weiterleben nachzugeben. Flüchtet man ins Trügerische religiöser Theorien, die Gott und Jenseits kindisch benennen? In den Schutz kommerzieller, irdischer Ablenkungen? In die Härte und Zynismen rein intellektueller Auseinandersetzung mit sich selbst? In die wehleidigen Schreie des Ich, das sich gar nicht auseinandersetzen will?

Oder lernt man zu hören. Auf das Gefühl, die Gefühle zu hören. Auf die Stimme der Intuition. Auf die Stimme des eigenen Selbst, das stets der Stimme Gottes ent-spricht – wenn wir aus überkommener Anhänglichkeit nun einmal GOTT, die Götter, das Göttliche sprechen lassen wollen. Ich weiß, dass ich jetzt in theologisch-philosophische Auslegungen vielleicht allzu unerschrocken eindringe, aber ich wage zu behaupten: Gott, wenn schon, ist weises Gefühl. Und das oberste aller Gefühle und aller Weisheit ist die Liebe. Auch wenn wir dies als Schmonzes belächeln, es nicht bejahen und nichts davon wissen wollen, wissen wir alle, dass es so ist. Ein verborgenes, geschundenes, aber durch keine Macht der Welt je gänzlich auszurottendes Gefühl in jedem von uns weiß es.

Haut

Man könnte aus der Haut fahren.
Ich fühle mich wohl in meiner Haut.
Ich stecke heute in keiner guten Haut.
Eine arme Haut nennen wir den, dem es elend
    geht.
Manches erleben wir hautnah.
Manches geht uns unter die Haut.
Menschen, die leicht irritierbar sind, nennen wir
    dünnhäutig.
Manch einer legt sich eine dicke Haut zu,
    um seine Ruhe zu bewahren.
Und ich kann nun mal nicht raus aus meiner
    Haut!
wird oftmals ausgerufen.
Der alltägliche Sprachschatz weiß es also.
Unsere Haut spricht.
Sie spricht aus, was wir verschweigen.
Was wir verdrängen,
    dringt über unsere Haut an die Oberfläche.
Nicht nur Psoriasis-Kranke wissen das.
Fast jeder Mensch kämpft irgendwann
    mit dem Erscheinungsbild seiner Haut.
Allergien nehmen zu.
Oft Ausdruck einer Allergie gegen das Lebensbild,

in das wir gezwungen sind,
und nicht nur Folge von schädigenden Umwelt-
einflüssen.
Oft die innere Abwehr,
so und nicht anders sein zu müssen,
also nicht in seiner wahren Haut zu stecken.
Unsere Haut kann revoltieren.
Und unsere Haut kann schön werden vor Glück.
Es gibt die blühende Haut der Jugend,
und unsere Haut schildert unser Alter,
und wie wir mit uns selbst umgegangen sind.
Mit unserem Körper,
aber mehr noch mit unserer Seele
umgegangen sind.
Unsere Haut erneuert sich beständig,
und bleibt dennoch zurück und wird zu Staub,
wenn wir gehen.
Ist also Sinn-Bild
all der Häutungen und Veränderungen,
denen wir unterworfen werden,
um letztlich durch das Tor unseres Todes
ins Unbekannte aufzubrechen
und unser irdisches Sein zurückzulassen.
All dies zurückzulassen,
was ein Leben lang von dieser unserer Haut
umschlossen war, die uns zusammenhielt,
aber auch Gefängnis war,
nicht zu verlassende irdische Eingrenzung.
Dann erst
und plötzlich
können wir raus aus unserer Haut,
können wir aus der Haut fahren,
und gelangen ins Freie.

Die Katastrophe

Die Katastrophe gehört zur Welt. Die heutige mediale Vernetzung lässt uns von jeder Katastrophe erfahren, wir haben uns gewissermaßen daran gewöhnt, dass auf Erden Schreckliches passiert, sei es vom Menschen gesteuert, oder sei es Folge der Naturgewalten. Dass die Bevölkerung des gesamten Kontinents Afrika durch Aids dezimiert wird, dass Kinder weltweit Hungers sterben, dass immer wieder Überschwemmungen und Hurrikans Tod oder Obdachlosigkeit mit sich bringen, dass Terror und Krieg nicht Einhalt zu gebieten ist und unablässig ungezählte Opfer fordern – all dies gehört zum Alltag in einer globalisierten Welt. Jeder weiß davon. Jeder lebt jedoch sein kleines individuelles Leben möglichst unbeschadet und gedankenlos weiter, wenn all dies nur recht weit weg und ganz woanders passiert.

Zweimal konnte diese Lethargie in den letzten Jahrzehnten weltweit gewaltsam zerrissen werden. Am 11. September 2001 durch eine Eskalation des Terrors, jetzt, zur Weihnachtszeit 2004, durch eine Eskalation der Naturgewalt. Das Ausmaß dieser Flutkatastrophe übersteigt alles, was zurzeit auf Erden lebende Menschen je erfuhren.

Trotzdem, behaupte ich, hätte es außerhalb der betroffenen Gebiete die Welt nicht mehr erschüttert als jede Naturkatastrophe sonst, von der man zwar erfährt, aber an der man nicht unmittelbar beteiligt ist.

Diese jedoch traf ins Mark dessen, was auf Erden nicht mehr wegzudenken ist. Sie traf den Massentourismus, die Schein-Welt der Urlaubsparadiese, sie traf die konsumistische Leichtfertigkeit unseres Umgangs mit Natur und fremden Kulturen. Diese Flutwelle riss die Sicherheiten von Reisebüros, Buchungen, garantierten Traumstränden und Ayurveda-Schönheitsfarmen mit sich, sie zeigte auf, was Sintflut und Weltuntergang heißt, erwies unsere Unterworfenheit und gleichzeitig auch den Mangel an Würde und Respekt, den wir Menschen dem Planeten Erde entgegenbringen.

Die sensationsgeile Schein-Anteilnahme der Medien kann die Gewalt dieser Erkenntnis nicht zur Sentimentalität verdrehen, auch wenn dieses Bemühen bereits wieder zum Erbrechen unappetitlich aus allen medialen Poren trieft. Sicher, es bedarf jetzt der Spenden-Solidarität, der Hilfestellungen weltweit. Sicher, es gab Verluste, es gibt Trauer, Menschen aus so vielen Ländern starben, Schicksale wurden sichtbarer, als es sonst der Fall ist. Die Bilder erschüttern, das Leid ist unübersehbar, es greift nach uns.

Ich wünschte, wir blieben davon ergriffen, ohne uns an diese Ergriffenheit zu gewöhnen. Ich wünschte, wir zögen eine Lehre daraus, ließen uns belehren. Ich wünschte, unser Mitgefühl käme ohne Selbstprofilierung aus, unsere Hilfe geschähe sachlich und schweigsam. Und ich wünschte vor allem, dass erkennbar würde, wozu der Mensch in Wahrheit aufgerufen ist, durch alles Leid, durch jede Katastrophe immer wieder aufgerufen ist: sich der Empathie auch fern jedes medialen Hypes, und auch im persönlichen Alltag, nicht zu verschließen.

Abschiedsrede für die Schauspielerin und mütterliche Freundin Susi Nicoletti, auf der Feststiege des Wiener Burgtheaters vor versammeltem Ensemble

16. Juni 2005

Susi, geliebte Freundin

ja, in gewisser Weise unser aller Susi, um die wir heute wahrhaft und ohne falsche Pietät trauern. Alle, die dich kannten und liebten – und die dich wirklich kannten, liebten dich –, nannten dich so. Susi.

Ich weiß noch, mit welcher Scheu auch ich meine ehrfürchtig bewunderte Lehrerin Susi Nicoletti damals im Max-Reinhardt-Seminar, vor gut 45 Jahren, »Susi« nannte, wenn wir von ihr oder über sie sprachen, und alle meine Mit-Studentinnen und -Studenten es so selbstverständlich zu tun schienen.

Mir selbst wurde es lange kein wirkliches Selbstverständnis. Hatte ich sie doch noch vor Kurzem auf der Bühne des Burgtheaters bewundert. Meine ersten, mich bewegenden und auch zur Schauspielerei hinbewegenden Theateraufführungen hatte ich noch auf Stehplatz im Ausweichquartier »Ronacher« gesehen und erlebt. Und nie, Susi, vergesse ich zum Beispiel »Anitras Tanz« in Peer Gynt – diese kleine, schlanke, temperamentvolle, wunderhübsche Person dort auf der großen Bühne! Und sie jetzt plötzlich meine

61

resolute, kritische Lehrerin, die bei angehenden Schauspielern alles mochte und verstand – nur nicht Unbegabung. Die machte sie stets hart und mitleidlos, ihr Leben lang. Begabung erkannte und liebte sie sofort, und auch dies ihr Leben lang. Wo ihr Begabung auffiel, in welcher Form auch immer, hat sie mit Begeisterung geholfen und gefördert. Unbegabtes, eitles, medien-geschicktes Mitläufertum, wie man es in jeder Branche finden kann, hat sie zu kurzen, raschen, aber tödlich treffenden Bemerkungen veranlasst, ich habe dies oft miterlebt.

Genau sehe ich dabei dein Gesicht vor mir, Susi, das alles so eindeutig widerspiegelte, und wenn ich darüber lachen musste, hast du sofort wieder mit blitzend humorvollen Augen zu mir hergeschielt. Wir haben so viel gelacht miteinander, Susi. So oft, bei so manchem Stück, teilten wir die Garderobe und sprachen in den Schmink- und Wartezeiten über Menschen und über den Beruf. Dein Urteil war stets radikal und von völlig subjektiver Sympathie oder Animosität geleitet, ging aber letztlich nie am Wahrheitsgehalt vorbei. Du konntest Menschen – und so gesehen natürlich auch Schauspieler – unmissverständlich erkennen.

Aber ehe es so weit war, dass wir immer wieder im selben Stück spielten und uns immer wieder darum bewarben, zu zweit in einer Garderobe zu sitzen, vergingen Jahre. Du hast mir zu meinem frühen Burgtheater-Engagement verholfen, dein Mann Ernst Haeusserman, gerade Direktor geworden, sah mich im Musical »Kiss me, Kate« und engagierte mich nach zwei Jahren Schauspielschule an die Burg.

Du hast die Musical-Ausbildung – also, dass junge Schauspieler auch zu tanzen und zu singen in der Lage sein sollten – dazumal im Seminar bahnbrechend eingeführt. Heute kann sich's keiner mehr vorstellen, dass junge Leute, die zum Theater gehen, dies nicht ebenfalls anstreben und erlernen wollen. Ich, mit meiner ungeübten Bassstimme, dachte damals jedenfalls nicht im Traum an so was. Ich hatte mich völlig im Hintergrund gehalten, als diese »Kate« besetzt werden sollte. Ich kann doch nicht singen, dachte ich mir. Aber zu meinem Schrecken befahl Susi mir, ebenfalls ein Lied vorzutragen, und sie duldete keinen Widerspruch. Zu Hause überlegte ich verzweifelt hin und her – und sang tags darauf ein damals oft gehörtes Lied, das etwa so begann: »People say men is made out of mud« – ich sang also mit brunnentiefer Stimme und abgrundtiefer Scham ein Lied, das noch dazu von Grubenarbeitern tief in einem Bergwerksstollen handelte. Susi lauschte nur kurz, bezwang, glaube ich, ihr Lachen, unterbrach dann mein Gebrumm – und besetzte mich, wie ohnehin vorgehabt, als Kate. So war sie.

Liebe Trauergäste, verzeihen Sie, dass ich so Persönliches erzähle. Aber ich kann an diese Frau, an meine Freundin Susi, nur so und ganz persönlich zurückdenken. Sie selbst war immer persönlich, persönlich betroffen oder persönlich angetan. Sie war oft von erbarmungsloser Direktheit und ungeschminkt aufrichtig, man konnte sich auf sie verlassen, sowohl bei Ablehnung als auch bei Zuneigung. Vieles machte sie ungeduldig, weil sie schnell dachte und gern schnell handelte, selbst war sie unerhört fleißig und diszipliniert.

Jede Art von Schmus oder verlogener Feierlichkeit lag ihr fern. Also darf ich wohl, zu diesen Abschiedsworten aufgefordert, auch bei allem Kummer unbekümmert von diesem Menschen, von dieser Frau sprechen, die mein Leben in schöner, würdevoller Distanz, aber mir immer vertraut und innerlich nahe, begleitet hat – und auf die ich mit großer Liebe blicke. Immer hat sie mein Tun und Handeln »bewacht« und kommentiert. Sie hatte meine Tochter Anna von ihren ersten Lebensjahren an, bis zu derem frühen Tod vor fünf Jahren, innigst ins Herz geschlossen, und die beiden, wenn sie einander trafen, konnten auch herrliche »Lachwurzen« vor dem Herrn sein. Annas Vater Udo Proksch hat Susi mutig verteidigt, gegen jede öffentliche Aburteilung, und mit Vehemenz – einfach, weil sie ihn mochte und schätzte! Auch für diese solidarische Haltung werde ich ihr immer dankbar sein. Als weit früher mein zweiter Ehemann André Heller sich noch als sogenannter »Bürgerschreck« aufzuführen bemüßigt fühlte – es liegt lange zurück! – und er Ernst Haeusserman öffentlich schwer beleidigte, haben beide, sie, Susi, und auch Haeusserman, der schließlich mein Direktor war, mich dies nie fühlen und keinerlei Sippenhaftung walten lassen. Und zu einer Art Aussöhnung scheint es zwischen ihr und Heller in den letzten Jahren auch gekommen zu sein.

Susi war bei Dummheiten, die sie rückblickend irgendwie einordnen konnte, nicht nachtragend. Aber sie konnte unversöhnlich sein, wenn etwas sie menschlich zutiefst verstörte. Sie hat sehr darunter gelitten, als die Atmosphäre, das menschliche Klima an ihrem geliebten Burgtheater sich gravierend wandelte, es dort menschenfern, kalt und karrieristisch zuzugehen begann. Gerade hier, auf der Feststiege dieses Theaters, dem sie – dem wir ja beide – durch Jahrzehnte von Herzen zugetan waren, kann und will ich dies nicht verschweigen.

Man soll mit solchen Aussagen vorsichtig sein, ich weiß – aber als es zu Susis erstem schweren körperlichen Zusammenbruch kam, war es ihr Herz, das krank geworden war, und ein gerüttelt Maß an Herzweh und Kränkung war dem auch hier, an diesem Haus vorausgegangen.

Aber ihr starker Lebenswille, ihre Disziplin und Energie überwanden diesen Einbruch, der auch damals schon zu ihrem Tod hätte führen können. Sie blieb unbeugsam, blieb die Autorität Susi Nicoletti, spielte, filmte, und war immer zur Stelle, sich anzusehen, anzuhören, oder auch zu lesen, was man selbst an Neuem oder Andersartigem tat. Sie hatte ein derart hohes Maß an Neugier und Interesse für Gegebenheiten außerhalb des Theaters, wie dies – bitte nicht böse sein – in der Theaterzunft eher unüblich ist.

Und sie begann wohl auch deshalb irgendwann eine Art Archiv anzulegen, ein großes dokumentarisches Werk zu begründen, das die Lebenswege all ihrer ehemaligen Schauspielschüler verfolgt – eben auch die, oder vielleicht gerade die, die den nicht immer einfachen Weg zu einer gewissen Berühmtheit nicht einschlagen konnten, sondern sich sogar bewusst von der Schauspielerei abwandten. Dieses große Werk, das von Menschenwegen erzählt, basierend auf anfänglichen Wünschen, Schauspieler zu werden – und welcher junge Mensch durchwandert ihn nicht einmal, diesen Wunsch! –, dieses Werk konnte sie leider nicht vollenden. Sie hätte es gern getan – darüber sprachen wir, als ich sie zum letzten Mal im Krankenhaus besuchte – und sie dafür gern rasch noch einmal gesund geworden wäre …

Susi liebte ihre Familie, ihre Kinder, Enkel, Urenkel – sie erzählte mir immer davon, wenn in Amerika, wo sie alle lebten, ein neues Menschenkind hinzugekommen war, und sie erzählte es immer unsentimental und mit Humor.

Aber sehr mutig hat sie Einsamkeit angenommen und darüber nie geklagt. Auch über körperliche Beschwerden, die sich mit der Zeit häuften, hat sie nie geklagt, sie hat sie eher als unnötige, lästige Torheiten abzutun versucht.

Sie war eine lebensvolle, starke und tapfere Frau, die ungern über die Abgründe ihres eigenen Lebens sprach oder schrieb. Aber sie konnte einen in den Arm nehmen und wortlos da sein, wenn man selbst dabei war, in einem Abgrund aus Schmerz und Verlust zu versinken.

Sie liebte das Tun, das Arbeiten. Und sie wusste genau, dass auf Erden nicht möglich ist, das Glück zu finden – aber sehr wohl etwas, das uns glücklich machen kann. Also etwas, das über unsere eigene kleine Glückssuche hinausgeht, und zu etwas wird, das auch für andere gilt. Dies war für sie ja auch Sinn des Theaters, Grundlage ihrer Theaterliebe und ihres Bezugs zum Mitmenschen. Sie hat geliebt, was Professionalität und Tatkraft ausrichten können, was Neugier und Unermüdlichkeit uns schenken. Sie wusste, dass wir nicht auf Erden sind, um glücklich zu werden, sondern um Leben zu erfahren und es umzusetzen.

Du hast dies getan bis zuletzt, Susi, solange du konntest, solange deine Kräfte ausreichten. Als du nicht mehr auf die Bühne konntest, hast du begonnen, von der Bühne des Lebens zu berichten. Auch die hast du jetzt verlassen – aber kein Vorhang soll sich still über deinem Leben schließen. Ich bestehe darauf, dass wir alle hier dir jetzt applaudieren, und du es gnädig von dieser sehr hohen, anderen Bühne herab gewähren lässt.

Sei gegrüßt, Susi – bis bald –

John Irving

Vorerst wünsche ich Ihnen, meine Damen und Herren, einen recht guten Abend. Der letztendlich auf mich zugekommenen Aufforderung, heute hier die sogenannte »Festrede« zu halten, bin ich mit einer ganz besonderen Freude gefolgt. Mehr noch, (und ich sage Ihnen das jetzt mit einer Ehrlichkeit, die man vielleicht lieber lassen sollte, aber was soll's) mich überkam sogar das Gefühl: wer sonst als ich?

Ich kenne und besitze alle Bücher von John Irving, alles, was es von ihm gibt, seit es seine Bücher in deutscher Sprache gibt. Besser gesagt – »Owen Meany« war der erste Roman, den ich las, und danach gab es kein Halten mehr. Ich las alles, was bereits auflag, und stürzte mich von da an sofort auf jedes neue Buch, das erschien.

Ich weiß, dass ich damit nicht allein stehe, auf der großen weiten Welt und auch hierzulande gibt es Heerscharen hingerissener Irving-Leser. Wie ich einem Interview entnahm, mit einem weit höheren Prozentsatz an Frauen. Verständlich. Frauen lesen mehr, vor allem mehr Romane, mehr Belletristik. Und Frauen lieben vielleicht auch das Geschichtenerzählen mehr – seit jeher waren sie ja die maßgeblichen Verwalterinnen der Märchen und Sagen für

ihre Kinder. Ich sage dies ohne feministische Anklage, ich stelle es nur in den Raum.

Und John Irving ist der Geschichtenerfinder
und Geschichtenerzähler schlechthin, er kann
einen an der Hand nehmen, wenn man ein Buch
von ihm zur Hand nimmt, und in einen Kosmos
führen oder entführen, der anders atmet und lebt,
der das Menschliche in einer bisher nicht gewuss-
ten Fülle ausbreitet. In John Irvings Büchern ver-
liere ich mich stets für eine Weile, für diese herrliche Weile, bis sie – leider – zu Ende gelesen sind.

Aber ehe ich jetzt weiter in ein – ich gebe es zu –
recht pubertär anmutendes Schwärmen gerate, das
dieser Autor beileibe nicht nötig hat, werde ich
mich zügeln und den Anlass unseres heutigen Bei-
sammenseins in angemessener Form würdigen.

Werte Anwesende. In unserer Mitte befindet
sich heute der Schriftsteller John Irving, der mit
seiner Frau Janet Turnbull und seinem jüngsten
Sohn Everett nach Wien kam – und das, obwohl er
in seiner Autobiographie »Die imaginäre Freundin« schrieb: »Ich bezweifle, dass ich je wieder nach
Wien fahren werde«. Wie schön, dass er es doch
wieder getan hat – und ich glaube, es ist in unser
aller Sinn, wenn ich jetzt vorschlage, ihn – und sei
es auch an unüblicher Stelle – mit einem Applaus
zu begrüßen und zu ehren.

Welcome, Mister Irving!

John Irving wird morgen im Wiener Burgtheater sein neuestes Buch präsentieren – »Bis ich dich
finde« der deutsche Titel –, von der »New York
Times« sein »Opus maximum« genannt, und eben
erst bei Diogenes erschienen.

Aber jetzt, hier, im Wiener Rathaus, geht es um
sein erstes Buch – eine eigenwillige und hübsche

Koinzidenz, wie ich finde –, und zwar um den Roman »Lasst die Bären los!«.

Und es geht um die so überaus wertvolle Initiative »Eine STADT. Ein BUCH.«: 100 000 Exemplare des ausgewählten Buches wurden in den vergangenen vier Tagen gratis an Wiener Bürger verteilt – besser: jeder, der eines wollte, konnte sich eines holen –, eine Aktion, für die man wohl vor allem unserem Bürgermeister Michael Häupl zu danken hat, und die in diesem Jahr zum vierten Mal durchgeführt wird.

Nach Frederic Morton, Imre Kertész, Jo Mario Simmel jetzt also John Irving. Ein großer amerikanischer Schriftsteller mit einem Buch, das auf erstaunlich wissende Weise auch Wien beinhaltet, Wien beschreibt. Allein die Namen der Protagonisten Siggi Javotnik und Hannes Graff zeugen schon von eingehender Kenntnis unserer Stadt. John Irving hat 1963/64 ein Studienjahr hier in Wien verbracht, und Wien wohl – tja, in all seiner Ambivalenz kennengelernt. Für mich als ewige Wienerin war verblüffend, wie nahe seine Beschreibungen meinen lebenslangen Erfahrungen kamen (und ich nehme an, jedem, der in Wien lebt, der Wien kennt, muss es so ergehen). Mein langjähriger portugiesischer Freund und Partner, der Musiker Antonio D'Almeida, hat etwa um die selbe Zeit herum, als John Irving ein Jahr in Wien verbrachte, an der Wiener Musikakademie studiert, und er erzählte mir Ähnliches, unbestreitbar dem ähnlich, was in John Irvings Büchern durchaus fühlbar wird: also Ausländerfeindlichkeit, Unfreundlichkeit, Indolenz, geistige Enge. Wir alle wissen von diesen Facetten der von uns geliebten Stadt – aber vielleicht hat sich da seit den Sechzigern denn doch einiges verändert? – Auch in Irvings Romanen »Hotel New Hampshire«, »Garp und wie er die Welt sah«, »Die wilde Geschichte vom Wassertrinker« gibt es Wien-Bezüge, nicht nur in »Lasst die Bären los!«. Es wäre an dieser Stelle sicher nicht angebracht, Ihnen eine Inhaltsangabe dieses Buches zu liefern – nur kurz: es geht um die zwei vorhin genannten jungen Männer, die sich eines Tages zu neuen Ufern auf den Weg machen, wichtige Rollen spielen ein Motorrad, Mädchen und vor allem Bären, die Lieblingstiere des Autors. Aber für viele der Leser wurde vielleicht nicht offensichtlich, dass der Vietnamkrieg und die Generation, die mit diesem Krieg leben musste, für den jungen John Irving den Hintergrund dieses Buches bildeten. Und dies, obwohl die Helden Österreicher und nicht Amerikaner sind – die Verzweiflung und Verunsicherung liefen und laufen jedoch parallel. Aber, wie bei allen seinen Büchern, läuft auch das Komische, Skurrile parallel. Es ist eine ausufernde, vielfältige, phantastische und phantasievolle Welt, die man mit John Irvings Büchern betritt, und die mich und unzählige Leser in ihren Bann gezogen hat.

Aber nicht unbedingt immer alle Kritiker. Wie jedes Spezialgebiet gebiert eben auch die Literatur – besser vielleicht: die Literatur-Szene – vorgefasste Meinungen, Vorurteil, unfundierte Ablehnung und Dünkel. Wenn dann etwas nicht ins kärglich bemessene, persönliche Schema passt, sich nicht ein- oder unterordnen lässt, den Rahmen enger oder eigennütziger Vorstellungen sprengt, erregt es Misstrauen. Auch Erfolg, vor allem Verkaufserfolg, lässt sofort an Qualität zweifeln, wenn einer nicht wirklich weiß, was Qualität ist. Und es ist zu bemerken, dass Rezensenten dies immer wieder nicht wirklich wissen, das Auge des Zeitgeistes kämpft zu allen Zeiten mit dem Erblinden.

John Irving war und ist für mich Labsal der Unbekümmertheit diesem Phänomen gegenüber, er schreibt, wie er schreibt, ungewöhnlich, vital, nicht einzuordnen. Er lässt freies, selbstbewusstes, ungebändigtes Erschaffen die Kleingeisterei besiegen.

Dazu ist gar nicht vonnöten, den oft zitierten und allen seinen Verehrern bekannten Umstand zu erwähnen, dass er Ringer und Gewichtheber war, regelmäßig Sport betreibt, seine Familie liebt, dass also auch seine Lebensweise dürrem Intellektualismus widerspricht. Und nur aus der Blüte, der Fülle, dem Reichtum eines Lebens, wage ich zu behaupten, kann ein Werk wie das von John Irving fließen. Wobei Tragik, Schmerz und Trauer mit zu dieser Fülle gehören, ebenso wie Humor, Witz und Ironie.

Eines meiner persönlichen Lieblingsbücher ist »Gottes Werk und Teufels Beitrag«, und dass gerade daraus ein beeindruckender Film wurde, dessen Drehbuch John Irving selbst schrieb und damit einen Oscar einheimste, schien mir logische Folge zu sein. Aber auch »Garp« und »Hotel New Hampshire« wurden erfolgreich verfilmt.

Was ich aber jetzt nicht tun werde, ist, Ihnen verbal eine Art Werkliste aller Irving-Bücher vorzulegen – vor allem auch, weil ich mir dessen sicher bin, dass man hier im Saal weitgehend Bescheid weiß, dass ich von sehr, sehr vielen John Irving-Lesern umgeben bin.

Man weiß, dass John Irving Charles Dickens seit seiner Jugend als schreibendes Vorbild sah – dass einer seiner Lieblingsfilme als Jugendlicher »Der dritte Mann« war – dass er, wie könnte es anders sein, die derzeitige Bush-Regierung ablehnt und kritisiert – ja, und dass er mit Salman Rushdie befreundet ist. Letzteres kann ich mir gar nicht anders vorstellen, beide besitzen sie diese Fähigkeit, in großen Bögen und üppig zu erzählen. Als Salman Rushdie vor einigen Jahren im wie eine Festung bewachten, brechend vollen Burgtheater auf Englisch las, saß ich neben ihm und hatte die deutsche Version über. Lernte ihn auf diese Weise auch persönlich ein wenig kennen. Morgen werde ich als Besucher John Irving auf der Bühne des Burgtheaters, das wiederum brechend voll sein wird, sehen und hören. Irgendwie ist das für mich, die ich mich ja dort jahrzehntelang – nennen wir's: bewegt habe – ein wenig wie eine – ja, nicht böse sein: eine höhere Weihe. Die Theaterspielerei in Ehren. Aber nichts geht über ein großes, ein unbestreitbares Buch, und nichts geht – jedenfalls für mich – über einen Schriftsteller großen Formats. Es ehrt und freut mich, John Irving nochmals und mit tiefer Überzeugung als solchen zu bezeichnen. Wir alle sind uns des exemplarischen und leuchtenden Umstandes bewusst, dass gerade sein Buch »Lasst die Bären los!« quasi auf Wien losgelassen wurde. Möge unsere Stadt sich dessen würdig erweisen.

Achim Benning

Es ist wahrlich nicht leicht für mich, heute das
Wort zu ergreifen – gibt es doch kaum jemanden,
der klüger und fundierter zu einer Sache, wenn er
diese einmal zu der seinen gemacht hat, sprechen
kann, als der heute hier Geehrte. Trotzdem aber ist
es mir gleichzeitig ein persönliches Anliegen, dem
ich mich auch auf sehr persönliche Weise nähern
werde, gerade diesem Manne zu Ehren eine Lauda-
tio, also Lobrede, zu halten. Zu wenig hat man ihn
in dieser Stadt, in diesem Land seiner Leistungen
wegen, die unbestritten sind, gelobt. Ich spreche
nicht von Lobhudelei, ich spreche von anerken-
nender Wahrnehmung. Dieser Mangel mag wohl
auch aus der Tatsache resultieren, dass ihm, um
den es jetzt geht, mediales Geklingel stets neben-
sächlich, ja sogar lästig erschien, und es innerhalb
unserer Kulturlandschaft ja meist nur noch um medialen Aufruhr geht, und kaum noch um wahrhafte
Anerkennung, also um ehrliches Lob.

Ich kenne Achim Benning, den gebürtigen Mag-
deburger, seit unserer gemeinsamen Wiener Schau-
spielschulzeit, beide besuchten wir das Max-Reinhardt-Seminar, und im selben Jahr, 1959, wurden
wir beide von dort aus von Ernst Haeusserman

74

direkt ans Wiener Burgtheater engagiert. Als »Eleven«, wie man das damals nannte. Obwohl Benning Theaterwissenschaft studiert und auch einen Regiekurs belegt hat, also nicht nur Schauspieler war wie ich selbst, hätte ich nicht im Traum angenommen, dass er eines Tages Direktor dieses Hauses, und so gesehen auch der meine, sein würde, und mir auf diese Weise noch dazu die wichtigsten Theaterjahre meines Lebens schenken sollte.

Ernst Haeusserman also, dann Paul Hoffmann, dann Gerhard Klingenberg, diese Direktionszeiten durchlebten wir beide am Burgtheater, wobei Achim ab 1971 auch als Regisseur verpflichtet wurde. Und er begann sich allmählich, aber immer intensiver der damaligen »Ensemblevertretung« anzunehmen, die unter seiner Führung zu einer wirklichen Instanz gedieh – etwas, das mittlerweile, in einer Zeit sich fügsam unterordnender Schauspieler, in der auch erste Kräfte sich oft davor fürchten, Unfug abzulehnen oder gegen Missstände anzugehen, kaum noch denkbar ist. Ja, und es gab dazumal auch Kulturpolitiker, denen solches auffiel, denen Kompetenz und kompromissloses, gescheites Engagement auffiel, und die sich nicht scheuten, aus einem Ensemblemitglied des Burgtheaters dessen Direktor werden zu lassen. Und die diese Entscheidung auch nicht bereuen mussten. Unter Achim Benning wurde das Burgtheater zu jenem lebendigen, zeitgemäßen Theater, um das sich später Theaterleute zu reißen begannen. Man kann sich das heute vielleicht gar nicht mehr vorstellen – aber ich – oder wir, Achim und ich – haben Zeiten erlebt, in denen man dieses Haus nur als museales Ungetüm betrachtet sah. Wenn mich meine Fernsehrollen nach Deutschland entführten, musste ich mich deswegen mit Spott und Hohn konfrontieren und fühlte mich sogar bemüßigt, das Wiener Burgtheater gegen allzu oberflächliche Vorurteile zu verteidigen.

Unter Achim Benning verlor sich dieser Appeal eines verstaubten, verbeamteten Theatermonsters allmählich zur Gänze. Und dies nicht, weil er sich selbst Glanz gab, sondern weil er es glänzend führte. Ihm einen neuen Atem gab – ja, indem er es erneuerte. Damals konnte man das Wort »neu« noch ohne Unbehagen gebrauchen, es hatte noch nicht den Beigeschmack späterer Zeiten. Das Burgtheater wurde damals ein wahr- und ernsthaft politisches Theater. Man hat das mittlerweile vergessen, weil so viel an »politisch« getarntem Missverständnis es erobert hat, so viel an »engagiert« getarntem Eigeninteresse, so viel an »kritisch« getarntem Hang zu vulgärer Selbstdarstellung.

Unter Benning wurden unter anderem Stücke des damals verfolgten und später inhaftierten Vaclav Havel uraufgeführt. Benning selbst reiste deshalb ohne Angabe des wahren Motivs, quasi in geheimer Mission nach Prag, um ihn dort zu treffen. Er wurde für Havel, auch als dieser später Präsident war, einer der ganz wichtigen Menschen hier im Westen, und der Kontakt wurde weiterhin gepflegt, ohne dass Benning je daraus in spekulativer Weise mediales Kapital geschlagen hätte.

Unter Benning hatte sogar ich die Ehre, mit ihm gemeinsam »Linkes, kriminelles Pack« und das Burgtheater »Hort des Linksfaschismus« genannt zu werden – auch etwas, das der wohlweislichen Vergesslichkeit aller nachträglich »verfolgten Künstler« zum Opfer fiel. Sogar wurde auf Litfaßsäulen der Wochenspielplan des Burgtheaters mit der Parole »Benning und Pluhar ab nach Moskau« überklebt. Wie könnte man heutzutage Kapital aus solchem Verfolgtwerden vom Nazi-Pöbel schlagen. Aber ich glaube, wir hatten Besseres zu tun, vor allem eben Achim Benning. Nämlich gutes Theater zu machen. Er holte wesentliche Schauspieler und Regisseure ans Burgtheater, die hier noch nie gearbeitet hatten, und schuf selbst exemplarische Aufführungen.

Ulrich Weinzierl schrieb zu Bennings siebzigstem Geburtstag in der »WELT«:
»Still und bedächtig, fast grüblerisch verrichtete er seine Reformarbeit. Er verjüngte das Ensemble, durchlüftete den Spielplan und lud prominente Theatermacher, von Neuenfels bis Ljubimov an die ›Burg‹. Als Regisseur ein treuer, kluger Diener der Autoren und Texte, stand er abseits der herrschenden Bühnenmoden. Doch wer seine Version von Gorkis ›Sommergästen‹ oder Turgenjews ›Ein Monat auf dem Lande« gesehen hat, der wird sie nicht vergessen.‹
Man hat vergessen. Viel zu eilfertig vergessen. Aber ich hatte das große Glück, gerade in den beiden genannten Aufführungen mitgewirkt und bei Benning Theaterarbeiten erlebt zu haben, die für einen selbst zu einem Stück gelebten Lebens wurden und deshalb unvergesslich. Der Regisseur Achim Benning wurde nicht von ungefähr Lehrender, er übernahm 2003 als Universitätsprofessor die Regieklasse im Max-Reinhardt-Seminar und gab nach seiner Emeritierung Unterricht in »Rollengestaltung«. Zu hoffen ist, dass dadurch jungen Leuten für die Zukunft Anstöße zu einer anderen, notwendig anderen und wieder fundierteren Theater-Sicht und Professionalität gegeben wurden.

Aber nochmals zurück zum Theaterdirektor. Benning konnte Autoren ersten Ranges zu seinen Gesprächspartnern machen, weil er gescheite Gespräche führen kann und gescheite Menschen eben mit ihm sprechen wollen. Weil bei ihm das mittlerweile (nicht nur in der Theaterlandschaft) weitgehend Übliche, nämlich hohle Präpotenz und letztliches Unwissen, undenkbar war und ist. Ob nun also Heiner Müller, Harold Pinter, Arthur Miller, Friedrich Dürrenmatt, die freundschaftliche Nähe zu Elias Canetti und Manés Sperber, die besondere Beziehung zum bereits erwähnten Havel und zu Thomas Hürlimann – all diese Kontakte waren intensiv. Vor allem auch die den Burgtheaterjahren folgende Zeit als Direktor des Zürcher Schauspielhauses war in dieser Hinsicht sehr fruchtbar für Benning, dem die Literatur, wie er selbst sagt, tatsächlich immer ein wenig näher stand als das Theater. Und wie gut solches dem Theater tut! Wenn man es nicht über alles liebt!

Benning war nie in der späterhin von Theatergurus oft zitierten, sich selbst rühmenden Weise »theaterbesessen« (für mich seit je ein abzulehnender Begriff, da ich Besessenheit als eine dem Menschen wenig zuträgliche Eigenschaft erachte), er war also nie ein Mensch des Theaters, dem außerhalb des Theaters nichts mehr zu leben und zu denken einfiel. Er führte und führt eine wunderbare Ehe mit seiner Osgith, die ihm drei prachtvolle Kinder gebar, und deren skeptisches, ruhiges Auflachen zu allen scheinbar brennenden Fragen des Theateralltags ich in all den Jahren immer wieder genoss. Er pflegt Freundschaften, die eines intellektuellen Anspruchs nicht entbehren, und dennoch sinnlichen Genüssen wie Speis und Trank nicht abhold sind –

er photographiert wie der Teufel, glauben Sie mir, immer wieder dokumentiert er Anlässe, und ich erhalte Photos!

Er war und ist hellwacher Zeitzeuge, ein belesener, gebildeter, formuliergewaltiger, kluger und auch erboster Beobachter politischen und kulturpolitischen Geschehens. Wenn man Kultur ernst nimmt, dann ist ein Mann, ein Mensch wie Achim Benning für diese unverzichtbar. Seinen siebzigsten Geburtstag nahm man hierzulande überhaupt nicht zur Kenntnis – außer dass nur Du, lieber Kulturstadtrat, ihn heute in so dankenswerter Weise ehrst.

Aber lieber kein Vorwurf, sondern ein Vorschlag. Besinnen wir uns zumindest jetzt, in dieser Stunde, dessen, was Kunst, was Kultiviertheit mit ausmacht. Besinnen wir uns der Stille, vergessen wir kurzfristig den Rummel. Ehren wir heute nicht nur Taten, die mehr oder weniger lautstark zu Verdiensten wurden und die ein Leben umkränzen können. Ehren wir mit Achim Benning auch das Wagnis von stillem Durchhaltevermögen und einer lebenslangen, unkorrumpierbaren Haltung zum Leben selbst. Dann wird dieser heutige Vormittag zu mehr als zur Vergabe längst fälliger Auszeichnungen, dann wird er zu einem ausgezeichneten Anlass, meinen Freund Achim Benning zu ehren und ihn ohne Heuchelei zu feiern.

Die Saharauis

Ich kann in meinem kurzen Bericht den Konflikt in seiner Gänze natürlich nur oberflächlich streifen. Aber um es dennoch kurz zu umreißen: Westsahara war spanische Kolonie. Als jedoch die Spanier 1975 endlich abzogen, fielen die Marokkaner ein. Das Land Westsahara besitzt Bodenschätze, Fischreichtum und eine touristisch noch nicht erschlossene, endlose Atlantikküste. Diese Ressourcen wollten und wollen die Marokkaner klarerweise nicht freigeben. In Westsahara hatte sich schon 1972 die Widerstandsbewegung »Frente Polisario« formiert, die zur Unabhängigkeit aufrief. Als diese Bewegung zerschlagen werden sollte, entstand Krieg mit Marokko. Ein Großteil der Bevölkerung, auch Nomadenstämme, flohen vor den Marokkanern und deren Napalmbomben nach Algerien, wo man sie aufnahm. Die Zeltstädte der Flüchtlingslager entstanden, und eine Exilregierung etablierte sich. Von dort aus wurde im Jahr 1983, als unser erster Besuch stattfand, noch gegen Marokko Krieg geführt.

Dieser erste Besuch jedoch wurde für mich zu einer einschneidenden und unvergesslichen Begegnung, die mich auch beschämte. Ich erfuhr erst dort das

Ausmaß eines politischen Skandals, von dem ich nur ahnte, als ich mit einer Gruppe von Freunden als kleine »Delegation« dorthin aufbrach. Es wurde mir dort zum ersten Mal bitter bewusst, wie wir an Ereignissen, Zuständen, Katastrophen auf Erden vorbeileben, sie schlicht nicht zur Kenntnis nehmen, wenn sie uns nicht medial eingebläut werden. Dass man eine tragische politische Situation erst wirklich erfassen kann, wenn man ihr persönlich nahe rückt.

Ich hatte den Begriff »Frente Polisario« vielleicht schon einmal gehört, er klang ja schön und abenteuerlich, ich wusste vielleicht, dass es dazugehörig irgendeine Krisenregion gibt, irgendwo in Afrika, im Bereich der Sahara – aber das war's schon.

Udo Proksch, damals noch auf freiem Fuß und ein unbescholtener Mann, hatte mich eines Tages mit Suleiman Tayeb bekannt gemacht, einem Vertreter der D.A.R.S (Demokratische Arabische Republik Sahara), der sich in Wien aufhielt und bei der damals sozialdemokratischen Regierung Kontakt und Hilfestellung suchte. Es ging um soziale Unterstützung, aber auch darum, nachdem die »Organisation für die afrikanische Einheit«, genannt OAU, Westsahara anerkannt hatte, und einige andere Länder ebenfalls dazu bereit waren, auch von Österreich die Anerkennung der D.A.R.S als freier, unabhängiger Staat zu erlangen. Ein Bestreben, das klarerweise bis heute unerfüllt geblieben ist, vor allem auch unserer eigenen veränderten politischen Situation wegen.

Ich aber reiste also 1983 mit meiner Tochter Anna, mit dem Musiker Antonio V. D'Almeida, mit Miguel Sousa Tavares, einem portugiesischen Fernsehreporter, mit der Photographin Christine de Grancy und der Regisseurin und Dramaturgin Isabella Suppanz zu den Zeltstädten der aus Westsahara geflohenen Saharauis.

Nach einem Zwischenstopp in Algier landeten wir nach stundenlangem Flug über die Weiten der Sahara in Tindouf, einer kleinen Wüstenstadt im Osten Algeriens. Sie liegt nahe der Grenze zu den von den Marokkanern besetzten Gebieten Westsaharas, und von dort aus waren wir dann mehrere Tage im Gebiet der Flüchtlingsstädte unterwegs. Jeeps brachten uns von einem Zeltlager zum anderen. Und überall wurden wir mit einer Grandezza und Noblesse empfangen und bewirtet, die uns alle tief beeindruckte. Man zeigte uns Spitäler, Schulen, damals übrigens österreichische Fertigteilbauten, dem Wüstenboden abgerungene, überraschend üppige Gärten und deren Bewässerungsanlagen. Aber auch Militärisches sahen wir, Exerzierplätze, marschierende Soldaten und eine Ansammlung eroberter marokkanischer Waffen. Unter ihnen auch österreichische Panzer.

Unserer kleinen Gruppe wurde auf eine überaus feine Art und Weise immer eindringlicher erläutert und vor Augen geführt, wovon wir nichts oder nur Ungenaues wussten, als wir in die Wüstenstädte gekommen waren. Man klärte uns auf. Ja, vieles wurde uns anhand der dortigen Situation klar, der Kampf der Saharauis um ihre Freiheit, um ihren freien Lebensraum, gewann für uns alle Symbolwert.

Damals herrschte ja noch eine gewisse Hoffnung in den Lagern. »Nemsa!« riefen uns die Menschen begeistert zu, sie meinten »Österreich!«, und es klang nach Jubel und Dank. Man stelle sich dies vor – und vergleiche es dann mit dem Wirken unserer heutigen Außenpolitik. Damals unterstützte unser Land die geflüchteten Menschen beispielgebend auf humanitärem Sektor, und die offizielle, politische Anerkennung eines freien Landes Westsahara schien in der Luft zu liegen. Aber die Zeiten haben sich traurig geändert, und das nicht nur für die Saharauis.

Natürlich hatte man mich und meine Freunde eingeladen, weil angenommen wurde, wir könnten in unseren Ländern etwas ausrichten, könnten die Exil-Situation der D.A.R.S dem Bewusstsein der Österreicher und Portugiesen und vor allem dem der Politiker beider Länder näherbringen. Sie bauten auf den Einfluss Kulturschaffender im politischen Leben eines Landes – eine rührende Annahme, damals wie heute.

Aber ich erfuhr in diesen Tagen unglaublich kluges und weitsichtiges politisches Denken und Formulieren, selten boten sich mir klarere politische Gespräche und Aussagen. Und das mitten in der Wüste, fernab von allem, was sonst zu meinem Lebensumfeld gehört. Ich begann die Tapferkeit, Unermüdlichkeit und auch Fröhlichkeit dieser Menschen zu lieben.

Wie gesagt – 1983 herrschte noch Krieg.

Erst später begann man verhandelnd vorzugehen, da die Marokkaner diesen Krieg gegen die wüstenerprobten, saharauischen Soldaten nicht gewinnen konnten. Diese »Verhandlungen«, die Bemühungen, auf diplomatischem Weg eine Wiedererlangung Westsaharas als eigener Staat zu erlangen, scheitern bis heute. Marokko bleibt unnachgiebig und wird vom amerikahörigen Westen unterstützt. Die Situation der »Frente Polisario«

ist gegenwärtig auf verzweifelte Weise aussichtslos, auch humanitäre Hilfe verringert sich, dazu kamen katastrophische Regenfälle, die die mühsam geschaffene Infrastruktur zum Teil zerstörten, das Ausharren in den nicht zu zähmenden Konditionen der Wüste geht für die Menschen dort über das Maß des Erträglichen. So absurd das klingen mag: Sie denken wieder an Krieg, da sie Terrorismus ablehnen. Und da die Saharauis Terrorismus immer abgelehnt haben, hat die Welt sie nie wirklich wahrgenommen. Das konnte ich bei mir selbst, einem, wie ich annahm, doch politisch interessierten und weltpolitisch versierten Menschen, beschämt feststellen.

Sicher spielten bei unserem ersten Besuch die begrenzte Zeit unseres Aufenthalts, der Ausnahmezustand, die Faszination Afrikas und der Wüste eine große Rolle. Aber für mein persönliches Leben erwuchs aus dieser Konfrontation eine zwar emotional gesteuerte, aber bis heute klar bestehende Lebensrealität. Ich wurde, und bin es bis heute, Vorstandsmitglied der »Österreichisch-Saharauischen Gesellschaft«. Ich habe Motive der Reise zu den Flüchtlingslagern in einem meiner Romane genutzt und konnte dadurch Menschen auf nicht journalistische Weise informativ erreichen.
Und mein Enkelsohn ist ein Saharaui.

Macht Schreiben glücklich?

Wenn ich diese Frage ausloten will, muss ich wohl
vorerst den Begriff »glücklich«, also »Glück«, für
mich selbst näher bestimmen. Dieser angeblich
vom Menschen zu erreichende Zustand wird um
einen herum auf so verwirrend unterschiedliche
Weise ersehnt, gesucht und definiert, dass es unbedingt einer persönlichen Klärung bedarf, ehe man
über persönliches Glück befindet. Was wurde nicht
schon alles über das Phänomen Glück geschrieben
und gesagt, vom Philosophen bis hin zum Werbe-
texter hat die Menschheit sich darüber den Kopf
zerbrochen.

Was ich bei meiner eigenen Vorstellung von
Glück mittlerweile von vornherein ausschließen
möchte, sind ekstatische Verliebtheit und jede
Form konsumistischer Befriedigung. Beides wird
immer wieder mit Glück verwechselt, aber das eine
wurzelt im Begehren, das andere in der Gier. Mahatma Gandhi schreibt: »Glück entgeht uns, wenn
wir ihm hinterherlaufen. Das Glück kommt tatsächlich nur von innen. Es ist keine Ware, die man sich
erkaufen kann.«

Ich habe im Lauf meiner reichlichen Lebens-
jahre allmählich eingesehen, dass es nottut, nicht
mehr seinen jugendlichen Wünschen nachzu-

gehen und nicht immer wieder das sogenannte »große Glück« zu suchen oder zu verlangen. Aber ein anderes erstrebenswertes Ziel fand ich – oder fand es mich: ich möchte immer wieder die Dreiheit »Friede, Freude, Freiheit« erlangen können, darum ringe ich. Und sobald mir dies auch gelingt, ich mich also friedvoll, freudig und frei fühle, kann ich dies als meine Form von Glück oder Glücklichsein empfinden.

Damit jetzt also zum Schreiben. Ja, so gesehen macht das Schreiben mich immer wieder glücklich. Nicht unbedingt, wenn es zur Veröffentlichung des Geschriebenen kommt, da soll Profession regieren und nicht das eigene Glück. Aber die reine Möglichkeit des Schreibens, dass einem diese als Gabe, als Fähigkeit geschenkt ist, gibt meinem Da-Sein im oben angeführten Sinn ein Gefühl von Glück.

Da befindet man sich in der nahezu göttlichen Freiheit des Erfindens und Ausdenkens, im Walten der eigenen Vorstellungskraft. Dazu fügt sich der tiefe und erfüllende Friede, für die Zeit des Schreibens vom Schrott des Alltagslebens distanziert zu sein. Und es folgt die eigene, unbelastete Freude am Erschaffen, so lange dieses einzig die Götter zufriedenstellen soll und nicht einen Verleger, Leser oder Rezensenten.

Ich gehöre nicht zu den Schriftstellern, die beim Schreiben leiden. Die mit Schreibblockaden und lähmendem Selbstzweifel kämpfen müssen. Die vielleicht sogar meinen, dass eine gewisse Qual das Resultat erst wertvoll macht.

Für mich ist das Schreiben vorerst ein Bereich, der nur mir gehört, in dem ich mich, wie gesagt, frei, freudig und friedvoll bewegen kann. Schreibend spreche ich mich aus, schreibend denke ich nach, schreibend bewältige ich Leben. Erst die Zeit irgendeiner Herausgabe ist, wie das Wort schon sagt, ein anderer Vorgang, einer, den ich vorerst als schmerzlich, als Zugriff auf mein Innerstes empfinde. Er ähnelt dem einer Geburt.

Aber manchmal kann ja das Buch-Kind späterhin auch wieder Freude machen, wenn man es frei seiner Wege gehen lassen und selbst ehrgeizlos friedvoll bleiben kann dabei.

Wahlkampf

Ich befand mich zwei Wochen lang am Meer in Kroatien. Hatte das Wahlgetöse hierzulande mit Erleichterung hinter mir gelassen und gleichermaßen meine eigenen Erwägungen dazu. Als wir an einem regnerischen und kalten Sonntag nach Wien zurückfuhren, überfielen mich bald nach dem Passieren der österreichischen Grenze die Wahlplakate in all ihrer Hässlichkeit und Verlogenheit mit Wucht. Sie machten mir nach Tagen reiner, sommerlicher, südlicher Schönheit durch dieses Überfallenwerden die absurde, menschenferne, letztlich inhaltslose Dimension eines Wahlkampfes bitter bewusst. Schon der Ausdruck »Wahlkampf« ist mir seit eh und je suspekt.

Und dann bestürmten einen also, heimgekehrt, auch wieder die medialen Streitereien, ich sah Fernseh-Duelle, las Polemiken, und gewann den Eindruck, in eine Kampfsport-Veranstaltung geraten zu sein, der ein ganzes Land huldigt. Wer wird gewinnen, ist die lüstern hochgepuschte Frage. Keiner wird gewinnen, die trostlos wahre Situation. Nie noch war der Wähler, war ich, derart im Stich gelassen. Und man hatte ja schon mehrmals nur noch zähneknirschend und trotzdem gewählt. Ich

die Sozialdemokraten. Andere die ÖVP (was auch
überzeugte Bürgerliche nicht mehr frohen Herzens konnten und können). Einzig die Rechtsradi-
kalen, die faschistoiden Herzerln, all die munteren
Nazis, die nicht aussterben, waren und sind auch
jetzt voll dabei, Herr Strache lacht, schimpft und
grinst ihnen aus der niederträchtigen Seele.
Und Letzteres ist der Grund, dass ich mich
gegen die sich mehr und mehr verbreitete Meinung, es wäre am besten, gar nicht zu wählen, ver-
wehre. Dass ich dieses:»Es interessiert mich nicht
mehr« ablehne. Jugendliche und enttäuschte In-
tellektuelle neigen dazu, sich an dieser zugege-
benermaßen unsinnigen und idiotisch provozier-
ten Wahl nicht zu beteiligen. Das wäre nicht gut,
möchte ich ihnen zurufen. Es gibt leider nur das
eine Mittel in unserer verwahrlosten Demokratie, zu einer»Stimme« im Land zu werden. Trotzdem sollte man diese Stimme erheben. Nicht,
um freudig und überzeugt seine Wahl zu treffen,
das ist in der derzeitigen politischen Misere, bei
dem traurigen Mangel an überzeugenden Inhalten und Persönlichkeiten, schwer möglich. Aber
um mit seiner Stimme, klug und mit Kalkül ein-
gesetzt, das Anwachsen rechtsradikaler, faschistoi-
der Tendenzen zu blockieren. Da gibt es die Heide
Schmidt, die genau deshalb wieder politisch tätig
wurde. Da gibt es einen Werner Faymann, der sich
zu definitiv gegen eine Koalition mit der FPÖ ausgesprochen hat, um danach noch einen Rückzie-
her wagen zu können, ohne sein Ansehen für den
Rest seines Lebens zu verlieren. Da gibt es den zu
Recht trübe gelaunten und sehr anständigen Van
der Bellen. Nutzen wir eine dieser Möglichkeiten,
dazu möchte ich aufrufen. Egal, wie viele ungelöste

Detailfragen und falsche Versprechungen sich an-
gehäuft haben, egal, wie oft Gesprächskultur und
Menschenwürde in den letzten Wochen mit Füßen
getreten wurden, egal, wie sehr uns dieser mediale
Aufruhr nervt, vor allem, wenn er ins Unappetit-
liche abgleitet – wählen wir. Nutzen wir den demokratischen Wahlvorgang.

Nehmen wir diese ehe-
mals schwer errungene Möglichkeit wahr, uns als
Bürger eines freien Staatswesens gegen Bedrohli-
ches zu verwehren.

Eröffnungsansprache für das erste freie Theaterfestival Innsbruck
»THEATER TRIFFT«, gehalten in den Ursulinen-Sälen
25. Oktober 2008

Theater trifft

Verehrte Anwesende,
es hat mich ehrlich gesagt überrascht, dass die
Aufforderung, das Festival einer »Freien Theaterszene« mit einer Rede zu eröffnen, gerade an mich
erging. War ich doch vier Jahrzehnte lang Ensemblemitglied und Protagonistin am Wiener Burgtheater, einer staatlich – und gleichermaßen stattlich –
subventionierten Bühne, die man schwer mit den
Anliegen einer »Freien Theaterszene« in Verbindung bringen kann.
Aber erstaunlich rasch konnte ich mich mit
diesem Gedanken anfreunden. Warum eigentlich
nicht?, dachte ich mir. Warum nicht an gegebener
Stelle einsammeln und zusammenfassen, was ich
über Theater fast ein Leben lang zu sagen und zu
schreiben hatte? Hat mein persönlicher Weg doch
nicht den Normen eines Theater-Staatsbetriebes
entsprochen. Habe ich doch all die Jahre hindurch
das Elitäre und die beamtete Geborgenheit dieses Theaterbetriebes nicht verinnerlicht und mich
auch dort stets als Beunruhigte und Beunruhigerin
empfunden, als eine, die den bequemen Trott und
das Star-Unwesen ablehnt, die mit Neugier Neuerungen sucht, und dabei bereit bleibt, ihre Exis-

91

tenz, die pekuniäre und die künstlerische, immer wieder in die Waagschale zu werfen. Die also, für und mit sich selbst, eine Art »freie Szene« ist und bleibt. Ich habe mich allen Unsicherheiten und Gefährdungen dieses Berufes, aber gleichzeitig auch denen meines Menschenlebens ausgeliefert, und das – ich glaube es behaupten zu dürfen – mein langes Leben lang.

Bereits Durchdachtes, in tätigen Zeiten Formuliertes, jedoch auch die Gegenwart Bedenkendes wird in meinen heutigen Blick einfließen. Ich werde also hier sehr persönlich, fast ein wenig abschließend, über das Theater reflektieren. Ganz aus meiner Sicht. Über das, was mir am Theater wesentlich war und ist, über das, was mich Theater lieben, was mich Theater ablehnen lässt.

Vorerst möchte ich Ihnen mitteilen, wie ich vor über 20 Jahren über das Burgtheater dachte. Das wird Ihnen gleichzeitig ein wenig aus meiner beruflichen, meiner Schauspieler-Biographie erzählen.

Ich war damals also seit fast einem Vierteljahrhundert Schauspielerin an diesem Theater. Aber erst in jüngerer Zeit hatte es sich für mich in ein Theater verwandelt. Viele Jahre habe ich damit zugebracht, einen seltsam bombastischen Betrieb zu beobachten, in dem Dünkel und Eitelkeit regierten und Ansätze lebendigen Theaters erwürgen wollten. Als ich jung war, wurden zentrale Rollen jugendlichen Alters selten mit jungen Schauspielern besetzt. Jungen Schauspielern wurde oftmals untersagt, die Probenarbeit der Älteren zu beobachten. Ich getraute mich kaum, die von arrivierten Schauspielern bevölkerte Kantine zu betreten. Damals noch nicht wissend, dass ich dadurch kaum etwas versäumte – dass die Welt des Theaters sich nirgendwo oberflächlicher und nichtssagender äußert als in Theaterkantinen. Aber wie auch immer, die abschätzenden, misstrauischen, jeden Kontakt verhindernden Blicke der um einen speziellen Tisch gedrängten Altschauspieler ließen mir stets das Blut in den Adern gefrieren. Wenn ich jetzt die Selbstverständlichkeit, das gänzliche Integriertsein junger Kollegen beobachte, ist das für mich ein wesentlicher Punkt der Veränderung, die dieses Theater in den letzten Jahren erfahren hat. In meinen Anfängen gab es zwar die zarte, gütige Noblesse eines Rudolf Steinboeck. Oder die inszenatorische Kraft Leopold Lindbergs. Von beiden weiß man heutzutage nicht mehr viel, aber sie haben mit Sicherheit meine ersten schauspielerischen Gehversuche geprägt. Die Begegnung mit dem bereits sehr alten Fritz Kortner hingegen hat in mir die Überzeugung heranwachsen lassen, dass ich in einer Atmosphäre von Frustration und Boshaftigkeit nicht arbeiten möchte und kann, und wäre es auch mit dem genialsten Menschen. Dass für mich Theaterarbeit, bei allen Kontroversen, die sich notwendigerweise dabei ergeben, ein liebendes Miteinander darstellen muss. Zumindest die Weile der gemeinsamen Arbeit lang. Gerade die flüchtige und intensive Zusammenfügung von Menschen im Hinblick auf etwas zu Erschaffendes – das ist und bleibt, glaube ich, eine meiner stärksten Motivationen für den Schauspielerberuf. Deshalb konnte ich dem »Gegeneinanderspielen«, wie es bei einer gewissen, hoffentlich aussterbenden Spezies von Schauspielern üblich war, nie etwas anderes als Verständnislosigkeit entgegenbringen. Ich hatte nach meinem Eintritt in das Burgtheater reichlich Möglichkeit, solche Unarten zu beobachten. Der Kampf der Schauspieler gegeneinander bestimmte – oft mehr oder weniger humoristisch – auch weite Teile ihrer Konversation. Ich mochte das nie leiden, auch im Anekdotischen nicht.

Aber meine Sehnsucht nach einer Theaterarbeit, die in gemeinsamer Suche, im Integriertsein jedes Mitwirkenden, im Mit-Denken, im »Miteinander« sich ausdrücken möge, blieb durch viele Jahre unerfüllt. Ich spielte alles Mögliche, kleine, größere und große Rollen. Mit mehr oder weniger Erfolg. Aber eigentlich kann ich mein Erwachen aus dieser form- und inhaltlosen Schauspielerei genau datieren. Es geschah, als der englische Regisseur Peter Hall am Akademietheater Harold Pinters »Old Times« inszenierte, und ich mit Annemarie Düringer und Maximilian Schell in dem Dreipersonenstück besetzt wurde. Da ergab sich für mich eigentlich zum ersten Mal eine ganz intensive Konfrontation und Zusammenfügung mit Stück, Regisseur und Partnern. Zum ersten Mal verstand ich, was »Er-arbeiten« bedeutet, was es heißt, das Erarbeitete nicht wieder im Sog der Repertoirevorstellungen fallen zu lassen, und es auch gegen Widerstände des Publikums hochzuhalten und zu verteidigen.

Und in diesem Sinn, meine ich, hat auch ein Prozess der Publikumserziehung stattgefunden. »Old Times«, eine letztlich geschmackvoll-amüsante Vorstellung, die es dem Publikum überhaupt nicht sonderlich schwermachte, rief desungeachtet oftmals tiefe Ratlosigkeit, ja Ablehnung hervor. Einige Jahre später, als ich wieder Pinter spielte – »Heimkehr«, in der Regie von Peter Palitzsch, eine wesentlich unbequemere, die Zuschauer viel eher herausfordernde Aufführung –, gab es bereits Aufmerksamkeit und Interesse auch bei jenen Publikumsschichten, die um Verständnis ringen mussten. Also nicht mehr diese A-priori-Ablehnung, die geradezu kategorische Abwehr sogenannten »modernen« Theaters.

In der langen Zeit meiner Mitgliedschaft aber gab es ein Jahr, das mich in größte Panik stürzte und mir das Gefühl gab, ich müsse die Burg verlassen. Und zwar war es die Saison 1975/76, in der man das zweihundertjährige Jubiläum des Burgtheaters feierte. Es wurden alle verfügbaren, also eine ungeheure Anzahl von Aufführungen in den Spielplan aufgenommen. Für mich bedeutete das zum Beispiel, eine Rolle im Ausmaß der Schillerschen »Maria Stuart« im Abstand von einigen Wochen, ja Monaten immer wieder nur einmal zu spielen, ohne Wiederaufnahme-Probe, »aus dem Stand«. Es war das eine Forderung, die mich meinen Beruf als Albtraum empfinden ließ, als etwas, womit ich eigentlich nichts zu tun haben wollte.

In diese meine verschreckte, unglückliche Beziehung zum Burgtheater, die aufzulösen ich auf dem besten Wege war, fiel rettend die Designierung Achim Bennings zum neuen Direktor. Er verstand es, meine Angst wieder zu besänftigen. Und es folgten Jahre, die wesentlich und konstruktiv weiterführten, was Bennings Vorgänger Gerhard Klingenberg begonnen hatte. Sie holten das Burgtheater aus seiner museal-dünkelhaften Versponnenheit endgültig heraus – so weit lebendige und atmende Funktion bei einem so monströsen und unbeweglichen Apparat, solch einem Riesenorganismus, wie es dieses Theater nun einmal ist, eben möglich war.

Für mich ergaben sich Theaterarbeiten, die ich als Schritte zur eigenen Bewusstwerdung betrachte, die aber zugleich auch mein Verhältnis zu dem mich beherbergenden Theater veränderten. Ibsens »Hedda Gabler« unter Peter Palitzsch, Musils »Die Schwärmer« unter Erwin Axer, beide im Akademietheater. Als nahezu triumphal empfand ich die Realisation von Gorkis Stück »Sommergäste« in der Regie von Achim Benning auf der großen Bühne des Burgtheaters. Hatte ich doch schon so oft, in so vielen Rollen, die Größe dieses Hauses mit einer vergeblichen Liebe empfunden. Niemals schien es mir möglich, den Abgrund zum Publikum zu überwinden, der sich dort mit einer schrecklichen Selbstverständlichkeit aufzutun pflegte. Und nun plötzlich, durch das Bespielen der Vorbühne, das befreiende Empfinden von Menschennähe und Wechselwirkung, für mich bestimmende Kriterien für jedes geglückte Theatergeschehen.

In einem Theaterbetrieb von der Größenordnung des Burgtheaters, mit all seinen bürokratischen Verfahrenheiten, den vielfältigen Interessenstrukturen seiner unzähligen Mitglieder, haben es Schauspieler, »künstlerisches Personal« genannt, schwer, trotz des monströsen Treibens weiterhin in dem zu gestaltenden Abend das einzig Wichtige zu sehen. Ist doch die Atmosphäre auch getränkt von beamteter Sicherheit, betriebsrätlichem Biedersinn und ängstlicher Lethargie.

So einen Betrieb außerhalb seiner Staatstheaterfunktion zu einem wirklich ersten Theater werden zu lassen, das ist Achim Benning gelungen. Und es ist ihm gelungen, ohne sich im bündlerischen Sumpf des Wiener Kulturlebens die Hände schmutzig zu machen. Er ist rau und klar an der Arbeit gewesen, hat unerbittlich seine Integrität bewahrt. Er kennt dieses Theater bis in die letzten, bösesten, skurrilsten Schlupfwinkel hinein und liebt es trotzdem.

Und ohne ein kräftiges Trotzdem scheint es mir auch unmöglich, sich mit dem Burgtheater verbunden zu fühlen. Möge man es weiterhin wahrhaft, ohne Eigensucht oder Missbrauch, als das einschätzen, was es ist: ein Theaterkoloss, mit allen Unarten des Kolossalen behaftet, aber in seiner Fülle auch zum Feinsten, Schönsten und Lebendigsten fähig. Dies war also meine zwischenzeitliche Einschätzung als tätige Schauspielerin dort. Es kam dann jedoch – gerade weil es sich ver-lebendigt hatte und dadurch in der deutschsprachigen Theaterlandschaft einem Karrieresprung förderlich wurde – an diesem Haus zum Entstehen einer andersartigen, sehr manipulativen, oftmals stur-modernistischen Theaterauffassung. Wobei meine damalige, in der Öffentlichkeit, in den Medien undifferenziert breitgetretene Kritik nie den künstlerischen Ergebnissen galt, sondern einem Klima, einem Milieu der Menschenverachtung, das ich bislang am Theater nicht kannte, und gegen welches ich mich, wo immer es auftritt, wenden muss. Stilistisch, also formal geschah damals mit den Aufführungen, was nicht nur die deutschsprachige Theaterlandschaft weitgehend erfasst hatte und jetzt bereits wieder ein wenig auf dem Rückzug zu sein scheint. Mehr und mehr fließen wieder Inhalte in Theaterarbeiten ein, während Verpackungen, Effekte, äußerliche Sensationshaschereien sich langsam verflüchtigen.

»Modernistisch« wird für mich stets das Gegenteil von modern, von der Moderne sein und bleiben. Und das auf allen künstlerischen Gebieten. Gerne würde ich diese Unterscheidung jeder avantgardistischen Theaterbemühung ans Herz legen. Und dazu aufrufen, »das Neue« den »neuen Weg« stets wachsam einzuschlagen. Das Zeitgeistige ohne geistige Ausrichtung war und ist stets in der Lage, Unfug und Dilettantismus hochzustilisieren.

Und nach diesen Ausführungen, die gewissermaßen einem Rückblick entsprachen, möchte ich mich jetzt mit der Situation des Schauspielers in unseren Tagen auseinandersetzen. Was er in der Theaterlandschaft, in unserer Zeit, in deren Kultur und in der Gesellschaft verloren hat. Es ist Ihnen sicher bekannt, dass ich jetzt nicht mehr als die Schauspielerin vor Ihnen stehe, die ich einmal war. Ich selbst behaupte ja immer, überhaupt keine Schauspielerin mehr zu sein. Aber ich behaupte es meist vergebens. Zu lange bin ich Schauspielerin gewesen, um dieses Etikett je abschütteln zu können. Und ich muss es ja auch nicht um jeden Preis loswerden. Was man fast vierzig Jahre lang getan hat, gehört zu der Person, die man geworden ist. Wenn ich also über Schauspieler und über das Theater reflektiere, habe ich dafür einige Kompetenz. Die der Erfahrung und die der Distanz. Und diese Kombination, wage ich zu behaupten, ist unschlagbar, wenn es um einen klaren Blick auf etwas geht. In diesem Fall auf die Schauspielerei.

Es ist anzunehmen, dass Theatermenschen sich zu allen Zeiten gern angepasst haben. Sie sind davon abhängig, gemocht zu werden. Was ist ein Schauspieler, den keiner mag! Zunächst muss eine Instanz ihn mögen – ein Theaterdirektor oder Fernsehintendant, irgendwelche Redakteure, ein Filmproduzent – dann der Regisseur – später die Medien – und zu guter Letzt und hauptsächlich das Publikum – von all denen muss man gemocht werden, um als Schauspieler reüssieren zu können. Also brauchen Schauspieler Bereitwilligkeit und Opportunismus, um zu überleben. Oder meinen, sie zu brauchen. Und nur ganz selten gab und gibt es Ausnahmen, die sich selbst das Gegenteil beweisen konnten. Schauspieler also, die ihrer Zeit und deren Gefährdungen standzuhalten vermochten. Die ihre Position in der Gesellschaft auf andere Weise ernst zu nehmen in der Lage waren. Denn notwendigerweise ist diese Position stets eine öffentliche, und es gilt sie zu verantworten. Kein Schauspieler arbeitet im Verborgenen. Aber kaum einer ist sich dessen verantwortungsvoll bewusst. Wie gesagt, es gab und gibt Ausnahmen. Das Gros der Schauspieler jedoch vertieft sich in das Leben der Figuren, die sie darzustellen haben, und sie lernen, sich auch vom Törichtsten fraglos überzeugen zu lassen, um es möglichst überzeugend lebendig machen zu können. Auf Dauer raubt dies natürlich die Kraft zur eigenen Überzeugung, zur eigenen Haltung, zum Widerstand gegen Dummheiten und Schlimmeres. Wer darauf trainiert ist, sich ständig so zu verhalten, wie eine Rolle es fordert, kann persönlich keine »öffentliche Rolle« übernehmen. Kann nicht politisch sein. Im übergeordneten Sinn politisch meine ich, ich spreche nicht von Parteipolitik. Von ihr lassen sich Theaterleute ja eher anziehen, weil es ihnen eventuell für ihre Karriere vorteilhaft erscheinen mag.

Da hat es sich schon eingeschlichen, dieses Wort, das alles in unserer Gesellschaft zu bestimmen scheint. Die Karriere. Heißt im Pferdesport auch: die schnellste Gangart des Pferdes. Und so benehmen wir uns. Lassen uns auf einer Rennbahn vorwärtspeitschen, müssen gewinnen, müssen die Besten sein, müssen möglichst alle anderen ausstechen. Nicht nur in der Schauspielerei. Nur hier wird es offensichtlicher als anderswo, weil das Instrument des Schauspielers er selbst ist. Weil er sich hinter nichts verbergen kann. Ein Buch, ein Bild verlässt den, der es geschaffen hat. Den Schauspieler aber machen seine Worte und sein Anblick aus. Die Gesellschaft jedoch liebt Schauspieler. Sie gehören zum Dekor. Und sie spielen eine besonders große Rolle, wenn sie – bitte, bitte – Schauspieler bleiben. Und sogar, wenn einer wie Ronald Reagan oder Arnold Schwarzenegger zufällig Politiker wird, wird er es zur Erleichterung aller als Chamäleon. Man nimmt Schauspieler nicht ernst, und die meisten wollen auch nicht wirklich ernst genommen werden. Nur lieben soll man sie. Bewundern. Auf der Straße erkennen. Ich wiederhole: nicht alle wollen es so. Sehr viele nehmen sich selbst innerhalb dieses Berufes überaus ernst, sind leidenschaftlich auf der Suche, wollen sich vervollkommnen und mit dem, was sie tun, etwas aussagen. Sehr viele pfeifen auch auf den öffentlichen Appeal und bleiben dennoch geachtet und beachtet.

Aber die wenigen, die aus diesem Berufsbild aussteigen und anders in die öffentliche Wahrnehmung geraten wollen, tun sich höllisch schwer damit. Ehe aus einem Schauspieler ein bedeutender Zeitgenosse werden darf, der kulturell und gesellschaftlich Zeichen setzt, muss ein Berg von Vorurteilen bei den anderen abgetragen werden, und ein Berg von Anpassungswünschen bei ihm selbst. Der Weg zu einer anderen Bedeutung bleibt für ihn ein harter, auch wenn alle Voraussetzungen dafür gegeben wären. Die Gesellschaft sieht solche Veränderungen nicht gern. Die Rollen sind verteilt und sollten beibehalten werden. Die Rolle des Schauspielers ist es, Rollen zu spielen, so kennt man ihn, und Schluss.

Wenn also dem Theater, und damit auch den Schauspielern, eine kulturpolitische Funktion zuerkannt wird, muss man diese sehr genau überprüfen. Wenn bei dieser Schau das Spielen missachtet wird und politischer Ernst walten soll, gilt es, die Ernsthaftigkeit der Anliegen zu überprüfen. Auch das sogenannte Engagiertsein – im Sinne einer politisch-ethischen Vision und nicht im Sinne eines Arbeitsvertrages – kann sich opportunistisch auswirken. Auch der Bereich der Kultur wird von Lobbys beherrscht. Diese Szene – nicht die freie, sondern die lobbyistische! – entspricht, will mir manchmal scheinen, auf kulturellem Gebiet dem, was die Mafia im wirtschaftlichen System bedeutet und dort zu erringen sucht. Also: Kontrolle durch Erpressung, Absahnen, und nur die Mitglieder der Familie leben lassen wie die Maden im Speck – um es sehr drastisch zu beschreiben. Ob nun in der Literaturszene, auf dem Kunstmarkt, in der Architektur- oder Theaterszene – es wird diktiert. Und wer sich diesem Diktat unterwirft, wird meist gefördert, oft sogar gehätschelt. Wer ohne Lobby und außerhalb dieser jeweiligen Szene er selbst, also »freie Szene« bleibt, kann sich nur schwer behaupten, oder scheitert.

Das Schlimme ist, dass der Konsument – ich hasse dieses Wort, aber es ist kaum noch durch ein anderes zu ersetzen – von den Machenschaften und Manipulationen in Kunst und Kultur nichts mitbekommt. Da Kultur konsumiert wird wie alles andere auf Erden auch, stehen auch hier alle Mittel zur Verfügung, den Konsumenten zu täuschen. Die Werbung ist auch hier zum Machtfaktor geworden. Jedoch weniger durchschaubar als etwa bei Waschpulver oder Slipeinlagen. Bei »Kunst und Kultur« ist den Leuten kaum bewusst, dass sie konsumieren. Die wenigsten würden es so benennen, wenn sie beispielsweise ins Theater gehen. Dann gehen sie ins Theater. Und immer noch mit einem feierlichen Gefühl. Sogar, wenn es ihnen nicht gefällt, fühlen sie sich in gewisser Weise erhoben, in den Kreis der Wissenden hochgehoben. Da sie aber selbst sehr oft wenig Ahnung haben und nur glauben wollen, sie hätten eine, kann man ihnen auch alles einreden. Oder Theaterbesucher zu notorisch keifenden Widersachern machen, was meist der Publicity nützt.

Demgemäß findet sich in dem, was Schauspielern aufgetragen wird zu tun, nur sehr selten ein kompromissloser politischer oder kulturpolitischer Widerstand gegen herrschende und beherrschende Zustände. Indem man modisch-modernistisch auf Fragen der Zeit eingeht, hat man sie noch lange nicht beunruhigend-kämpferisch beantwortet. Und wenn man sich kämpferisch gebärdet, heißt das noch lange nicht, dass man tatsächlich eine Gegenposition bezieht.

Aber wer einmal abgelehnt hat, am großen Teig von Kunst und Kultur mitmischen zu wollen, sondern versucht, in freier, künstlerischer Eigenständigkeit sein täglich Brot zu backen – wer einmal erfahren hat, dass es möglich ist, auf einem ganz persönlichen Weg, der keine Schiene ist, ein Publikum, also Menschen, zu erreichen – wer es wagt, beim Mafia-Kulturbetrieb nicht Liebkind sein zu wollen, die Forderungen dieser »Szene« nicht zu bedienen, keiner künstlerischen Lobby anzugehören – so einer, oder so eine, wird Manipulation immer von Aufrichtigkeit zu unterscheiden wissen. Weil er oder sie bei sich selbst geübt hat. Wer sich der Manipulation und dem Manipulieren entzogen hat, hat auch gelernt, Aufrichtigkeit seismographisch genau zu ermessen. Auch bei sich selbst. Es ist nicht leicht, wirklich aufrichtig zu sein, also aufrecht in die richtige Richtung zu gehen. »Was bitte ist denn schon richtig?«, höre ich Sie fragen. Das Richtige ist richtig, lautet meine Antwort. Und ich bitte Sie, mir zu verzeihen, dass ich mich dabei auf keine Diskussion einlasse. Was man weiß, kann man nicht diskutieren, und was man nicht weiß, bringt man durch keine Diskussion der Welt in Erfahrung, sondern nur durch eigenes Nachdenken.

Hat der Schauspieler, der Theater-Mensch, mit unserer Zeit, Kultur und Gesellschaft etwas zu tun, was über seine Funktion, uns zu unterhalten, hinausgeht? Ist es zulässig, dass Schauspieler sich über das politische Fehlverhalten von Schauspielern im Dritten Reich entrüsten, selbst aber ohne Umschweife den größten und auch gefährlichsten Unsinn bedienen, der ihnen heutzutage ebenfalls die ersehnte gute Rolle liefert? Und damit das Bekannt- und Anerkanntwerden, egal in welchem politischen System? Auch heute kann Gefahr drohen und sich einnisten, und immer sieht es so aus, als wäre alles ungefährlich und harmlos. Gefahr sieht eben heute ganz anders aus als gestern. Und auch gestern konnten sie viele nicht erkennen, so lange, bis sie zuschlug.

Schauspieler können auf liebenswürdige Weise kindlich sein, komödiantisch dem Spiel verfallen, so sind sie mir als Spezies lieb und wert, und fast fällt es mir dann schwer, sie mit Ansprüchen zu belasten. Aber andererseits lassen sie sich leicht instrumentalisieren, um knechtisch einer Bedeutung zu dienen, die ihnen eingeredet oder aufgezwungen wird. Schauspieler sind sehr verführbar, und sie können verführen. Passen wir auf sie auf.

Ehe ich mich persönlich aus der reinen, offiziellen, mein Leben bestimmenden Schauspielerei zurückzog, um ein schreibender Mensch zu werden, der mit seinen Liedern und seinen Texten, singend oder vorlesend, weiterhin dem Austausch zwischen Bühne und Publikum verhaftet blieb – ehe ich also für mich selbst zu einer »freien Szene« wurde – will heißen: zu einem von nichts und niemandem fremd zu bestimmenden oder in eine ungewollte Richtung zu manipulierenden »Frei-Raum«, in dem ich nach meinen eigenen Grundsätzen walte –, ehe sich dies in und bei mir manifestierte, schrieb ich eine letzte, glühende, das Theater leidenschaftlich behüten wollende Betrachtung. Danach wandte ich mich ab, wurde ich ferne, jedoch nach wie vor liebende Beobachterin. Aus diesem Essay aber jetzt abschließend ein Auszug:

»Wenn es um Grundsätzliches des Theaters geht, ist es vornehmlich der erfahrene Schauspieler, dessen Wissen darum unantastbar ist. Der mündige, eigenständige Schauspieler hat sein Wissen aus Anschauung und Praxis gewonnen, aus Professionalität und dem erfahrenen Geheimnis.

Es wird höchste Zeit, dass der Erfahrene sich aufmacht, das Theater zu schützen und zu verteidigen. Und wenn ihn die Vermarkter und Schreihälse noch so sehr in die Ecke von Konservativismus und Unaufgeschlossenheit einem ›neuen Geist‹ gegenüber drängen wollen. Wer zeitgeistgebunden und manipulationssüchtig ist, kann Geist, auch den neuen, gar nicht wahrnehmen. Er kann immer nur neue Äußerlichkeiten erkennen. Zugegeben: das zeitlos Bestehende ist dem unwissenden Zeitgenossen immer schwer zugänglich gewesen. Aber seltsamerweise ist der unverbildete und aufmerksame Theaterbesucher meist ahnender als der erblindete Insider.

Wenn das Theater also wirklich zum Werbespot- und Videoclip-Genre degenerieren muss – und dazu tragen auch Berufskritiker bei, die der Spektakelkünstlerei und dem Medienrummel auf den Leim gehen –, dann hat es seine Bedeutung innerhalb unserer Gesellschaft weitgehend verloren, dann lasst es uns lieber vergessen. Die Theatermacher werden sich ohne Schwierigkeit in der Werbebranche niederlassen und sie noch definitiver zur Kunst umfunktionieren. Die Schickeria geht ohnehin lieber ohne Umweg in ihr In-Lokal. Und der sensible Theaterbesucher mit Bildung und Herzensbildung wird im Kino immer wieder ein Werk finden, das seine Sehnsucht nach Selbstfindung im Erfundenen abdeckt.

Theater kann nicht ›in‹ werden, es ist niemals ›out‹.

Aber man kann es seiner ureigensten Bedeutung berauben. Das schon.

Wir, die erfahrenen Theater-Menschen, haben in vielfältigem Missbrauch unserer Person gelernt, Talmi von fundierter Theaterarbeit zu unterscheiden. Wir können Plattitüden über das Theater nicht länger ertragen. Wir schauen jeder Effekthascherei auf den Grund. Wir erfahren Wahrhaftigkeit direkt, weil wir auch professionell gestaltete Äußerlichkeiten nie mit Inhalt verwechseln. Unser

Blick für inhaltslose Wirkung ist ein scharf geschliffener. Wir lieben das Theater, aber ohne infantile Begeisterung. Wir kennen es gut. Nun – man hat schon auf so vielfältige Weise versucht, dem Theater ein Bein auszureißen – und es geht immer noch. Deshalb glaube ich an seine Unverwüstlichkeit. Wenn die Wissenden am Theater weiterhin unerschütterbar bleiben, sich nicht ermüden lassen, werden die Erneuerungen, wird die Publizität des Theaters auch weiterhin in seinem Inneren entstehen, und im geheimnisvollen Austausch mit dem Publikum.«

In diesem Sinne also wünsche ich der freien Theaterszene Innsbrucks ein erfolgreiches Festival, bei dem reichlich Besucher angetroffen und betroffen gemacht werden sollen!

Theater gehört zum Menschen. Wenn es uns betrifft, trifft es ins Herz.

Ein perfekter Tag

Gibt es das, einen perfekten Tag? Mir klingt das zu sehr nach dem Erreichenmüssen eines Zieles. Die ziellosen Tage sind für mich die schönsten. Die, die einem erlauben, vor sich hin zu leben. Tage, in denen man sich ausklinken darf. Die zulassen, dass Gedanken unangestrengt ausschweifen, während der Körper frei seinen Bedürfnissen folgt. Indem er ruht oder sich bewegt, je nachdem, jedoch auch ihn nichts und niemand dazu zwingt, sich anzustrengen. Ich beobachte so viel qualvolles Bemühen entgegenkommender oder mich überholender Jogger und Mountainbiker, wenn ich mit meinem Hund durch den Wienerwald dahinwandere, mich umschaue und die Luft, das Laub, den Wind genieße. Der Anblick dieser leistungsverzerrten Gesichter und Leiber stimmt mich stets ein wenig traurig. Warum tun sich die Leute das an?, frage ich mich, wo der alltägliche Lebenskampf einen ohnehin zur Genüge schlaucht. Wie schön ist es, anzuhalten. Auf einem Pfad auch den eigenen Schritt anzuhalten und zu hören, was die Bäume und Vögel einem erzählen. Der Hund sitzt sofort still neben dir und lauscht ebenfalls. Und da hasten Menschen schweißüberströmt vorbei, den eigenen

Pulsschlag im Ohr, oder sogar Kopfhörer, um jeder Form von Stille zu entgehen. Keinerlei Aufwand, sei er sportiv, kulturell oder kulinarisch, macht einen Tag lebenswert. Mehr noch: ich behaupte, dass Aufwand die Freude stiehlt. Unaufwendiges Genießen dessen, was der Tag bereit ist zu geben, das bereichert. Und nicht nur mich, jeden Menschen! Jeder Mensch könnte diesen Reichtum erfahren, davon bin ich überzeugt, wenn nur die Befehle aus der Welt des Konsums ihn in Ruhe ließen. Es gibt ihn, den Reichtum eines unangestrengten, schauenden, lauschenden, eines müßigen Tages. Und er hat mit Geld und Gut wenig zu tun und ist für jeden zugänglich, wenn er sich bei Gesundheit und frei von körperlichen oder seelischen Schmerzen fühlt.

Sommerwolken zum Beispiel – oder glühendes Herbstlaub – eine Fliederhecke in voller Blüte – die Stille eines Sonntags über der Gasse, um nur einiges zu nennen – das sind Geschenke, die ich gern annehme, wenn ein friedvoller Tag sie mir überreicht. Ja, wenn Herz und Seele, Kopf und Gemüt sich im Frieden befinden, man also im Frieden mit sich selbst ist, wenn die Wünsche und Sehnsüchte, Anmaßungen und Ärgernisse, das Angetriebenwerden und Antreiben, wenn all dies sich auflöst in einer sanften Bejahung von Gegenwart, dann liebe ich das Leben, und somit auch diesen Tag meines Lebens.

Wie erklärt man

Wie erklärt man Schülern, dass es nicht der Verlust
schulfreier Stunden sein sollte, dessentwegen sie
auf der Straße demonstrieren, sondern dass begrü-
ßenswert wäre, wenn es eher um mehr Schule, also
ein verbessertes Schul- und Bildungswesen ginge?
Dass es eines der wesentlichsten Privilegien des
Menschen ist, in die Schule gehen zu dürfen? Dass
weltweit – vor allem Mädchen und Frauen – dieses
Privileg grausam missen und darum kämpfen würden, wenn sie's dürften? Dass nur ein Mensch mit
Schulbildung einen menschenwürdigen Weg auf
Erden gehen kann?

Wie erklärt man den erwiesenen 20 Prozent
unserer Bürger, dass die Demokratie, trotz der mit
ihr verbundenen Schwächen und Ärgernisse, nicht
durch einen starken Mann, also durch Diktatur er-
setzt werden darf? Oder gar durch eine Militär-Dik-
tatur? Wie bringt man ihnen nahe, was Diktatur bedeutet? Schauen sie sich, wenn schon nicht in der
Vergangenheit, denn auch auf der derzeitigen Welt
nicht um?

Wie erklärt man unzufriedenen, angstvollen
Menschen, dass nichts leichter ist, als auf schwerwiegende, differenziert zu behandelnde Fragen
eine strohdumme, einfache Antwort zu geben?

Die dann außerdem in Windeseile zu Hass, Rassismus und Fremdenfeindlichkeit führt? Weil es auch immer einfacher ist, zu hassen als nachzudenken? Wie erklärt man all dies, ohne sich nur zu empören? Die Empörung von Intellektuellen, Künstlern oder Kulturschaffenden bringt längst nichts mehr. Wie bringt man also Politiker dazu, Erklärungen zu geben, die weder verlogen noch stereotyp sind? Die nicht im Sinne von Machterhalt und Wahlkampf geäußert werden, sondern aufrichtig und authentisch?

Wie verbietet man den Medien streitschürende, sensationshungrige, undifferenzierte Meldungen und Diskussionsrunden, wie erreicht man von ihnen politische Bildung statt Quotenhörigkeit?

Wie wirkt man in gefährlichen Zeiten auf Menschen ein?

Ich bin ratlos.

Zur Verleihung des »Ehrenpreises des österreichischen
Buchhandels für Toleranz im Denken und Handeln«
10. November 2009

Dankesrede

Geschätzte Verleiher des Preises, liebe Freunde,
maßvoll, aber doch gab es in meinem langen
Leben, 70 Jahre sind ein langes Leben, machen wir
uns nichts vor, immer mal wieder eine Auszeichnung, eine Ehrung, in letzter Zeit sogar ungewöhnlich viele dieser »Awards«, die zurzeit ja reichlich
verteilt werden. Und in gewisser Weise habe ich
mich dieser Würdigungen ja auch stets erfreut.
Der heutige Ehrenpreis des österreichischen
Buchhandels jedoch macht mir persönlich eine
ganz besondere Freude. Bedeutet für mich ein
wenig mehr als alle vorangegangenen Ehrungen.
Weil dieser Preis eine Anerkennung auch meiner
Bücher, meines Schreibens bedeutet. Und nichts
ist schwieriger – ich weiß ausreichend, wovon ich
spreche –, diese Anerkennung als eine durch Jahrzehnte anerkannte Schauspielerin jemals zu erringen. Wir alle, die Gesellschaft, die jeweilige »Szene«,
der allgemein herrschende Dünkel in der Kulturlandschaft, wenn Sparten sich treffen oder über-
schneiden wollen – wie auch immer: es wird nicht
gern gesehen, wenn der Schuster nicht lebenslang
bei seinem Leisten bleibt. Eine Schauspielerin hat
Schauspielerin zu sein. Darf vielleicht irgendwann

eine Autobiographie schreiben oder sich schreiben lassen. Darf singen, wenn ein Poet, und sei es der Ehemann, ihr die Texte schreibt. Aber eine Schauspielerin darf eben nie auch Schriftstellerin oder gar Dichterin sein. Oder sich zu einer solchen entwickeln.

Dieses Vorurteil zu durchbrechen bedarf einer nicht erlahmenden Widerstandskraft gegen Beleidigung und Entmutigung, bedarf der nicht zu zerstörenden Intensität und auch Freude am Schreiben selbst, bedarf bei nach außen gerichtetem Handeln aller innerer Konsequenz, und benötigt vor allem das Nicht-Aufgeben der eigenen Motivation und Lebenssicht.

Schön ist, dass auch Letzteres in diesem Ehrenpreis enthalten ist: dass mein Denken und Handeln innerhalb meiner bisherigen Lebenszeit anerkennende Beachtung gefunden hat.

Einzig zum Begriff der Toleranz möchte und muss ich einiges hinzufügen. Ich bin in keiner Weise tolerant, wenn ich mir einer für mich unumgänglichen Gegnerschaft bewusst geworden bin. Jede Form von Fundamentalismus hat mich zum Gegner, sei er nun politischer oder religiöser Natur. Fremdenhass, Antisemitismus, Ausländerfeindlichkeit, Herr Strache haben mich zum Gegner. Massen-Tierhaltung und Tiertransporte haben mich zum Gegner. Profitärer Wahnsinn und zivilisatorische Verbrechen an der Umwelt haben mich zum Gegner. Sogar jeder Baum, der im Umfeld meines Hauses völlig grundlos geschlägert wird, macht mich zur Furie, ich brülle dagegen an. Ich bekriege nicht, ich bekämpfe. Ich wäre gern in der Lage, zu verändern, oder wenigstens zu besänftigen, zu versachlichen. Jedoch nie um den Preis opportunistischen Wegschauens und Den-Mund-Haltens, ein Preis, den der Mensch leider so gern und willig zu zahlen bereit ist, weil der Mensch sich immer fürchtet.

Da gibt es aber auch diese gönnerhafte Toleranz, die von oben herab, die des Machtvollen dem Machtlosen gegenüber, dieses »schließlich bin ich ja tolerant«, wenn man gewähren lässt, was man letztlich verachtet. Sowohl Daniel Barenboim in seinem Buch »Klang ist Leben« als auch Achim Benning in seinem wundervollen Essay über Toleranz – beide Zeitgenossen, die ich hoch achte, und bei denen zutrifft, dass der Geist-volle in seiner Zeit die Torheiten des Zeit-Geistes zu durchbrechen und zu widerlegen vermag – zitieren Goethe, der in den »Maximen und Reflexionen« sagt: »Toleranz sollte eigentlich nur eine vorübergehende Gesinnung sein. Sie muss zur Anerkennung führen. Dulden heißt beleidigen.«

Nach diesen eher ausführlichen, sehr persönlichen, mir aber notwendigen Bemerkungen zur Toleranz selbst nehme ich also den sogenannten Toleranz-Preis des österreichischen Buchhandels als hohe Anerkennung mit Stolz und Freude entgegen.

Er ist mir eine Ehre.

Ich danke Ihnen.

Rede für den Alt-Bundeskanzler Franz Vranitzky
in der Kreisky-Villa
November 2009

Vranitzky

Ich gebe offen zu, dass ich Franz Vranitzky in seinen Anfängen als den weltweit am besten aussehen-
den Politiker empfand, und ich scheute mich nicht,
dies auch unverblümt zu äußern. Bei Frauen stand
ich mit dieser meiner Meinung meist nicht alleine
da, aber ich nahm mit Erstaunen wahr, dass viele
Männer, auch kluge Männer, gerade deshalb in un-
kontrollierte, wilde Wut gerieten und sich aufge-
bracht über die »Feschheit« Vranitzkys mokierten.
Dass sie ihm gegenüber eine Meinung vertraten,
die sonst eigentlich nur Frauen begleitet, die nicht
gerade hässlich sind, nämlich die, dass man nicht
gut aussehend und klug sein könne.
Und es war diese Haltung der meist eher un-
schönen und verkniffen eifersüchtigen Herren der
Schöpfung, die mich rasch bewog, Franz Vranitzkys
Aussagen und Taten näher zu betrachten. Schon
während des Wahlkampfes zum Bundeskanzler, als
er tatsächlich von den Plakatwänden herabstrahlte,
als wäre er Filmschauspieler oder ein charaktervol-
les Männer-Model, versuchte ich hinter diese an-
sehnliche Fassade zu spähen und entdeckte einen
Mann von Integrität und ernsthafter politischer Bemühung. Eine Entdeckung, die mir, als Staatsbür-

114

gerin unseres Landes, langsam ein neues Zutrauen schenkte. Zutrauen. Eine Empfindung, die unglaublich wohltut, jedoch innerhalb der Parteienlandschaft und angesichts der dort stattfindenden Rangeleien schwer und meist nicht lange aufrechtzuerhalten ist.

Ich selbst kam, nach politisch eher amorphen Jugendjahren und von den 68ern kaum berührt, unter Bruno Kreisky quasi »zur Besinnung«. Seine Ära und mein Erwachen zu einem politisch und gesellschaftspolitisch denkenden Menschen gingen Hand in Hand. Ich wurde zur überzeugten Sozialdemokratin, wenn auch ohne Parteizugehörigkeit, »Die Sozis« wurden für mich, und sind es, all ihrer Fehlhandlungen zum Trotz, nach wie vor, die beste aller Möglichkeiten innerhalb einer demokratischen Staatsform. Auch Kreisky hat Fehler gemacht, natürlich, er war, wie man so sagt, auch nur ein Mensch, und gleichzeitig ein überaus schlauer Staatsmann. Aber nie hat er seine persönliche Würde verloren. Ich war traurig, als er mit Tränen seinen Abschied nahm.

Wer sollte ihm nachfolgen? Wer würde auch im Ausland diese Reputation gewinnen? Wer könnte sozial und weltpolitisch denken wie er, wäre kultiviert und im besten Sinn volksnah wie er? All diese Fragen drängten sich auf.

Dann wurde Franz Vranitzky Bundeskanzler, und ohne jetzt explizit in Kreiskys Fußstapfen zu treten, ging er einen Weg, den man beachten und achten konnte. Er hatte das Charisma und die Eloquenz, um in der Welt als Staatsmann Beachtung zu finden. Ihn dabei zu beobachten, wie er Österreich im Ausland vertrat, gewährte einem fallweise einen Anflug von Stolz, in jedem Fall das wohltuende

Ausbleiben dieses Schauderns, das bei politischen Peinlichkeiten über uns kommen kann. Vranitzky war ein Kanzler, unter dem ich gern Österreicherin war. Und das vor allem deshalb, weil Vranitzky Antifaschist ist, es immer war und unerschütterlich blieb. Und zwar ohne Wenn und Aber. Bei ihm wäre jedes opportunistische Liebäugeln nach Rechts-Außen undenkbar gewesen, wie es sich späterhin leider wieder in das Verhalten von Sozialdemokraten einschlich. Er lehnte Haider und Konsorten, all diese rechtsextremen Nazi-Bübchen, diese Partien, denen später in unsere Regierung zu gelangen ermöglicht wurde, von vornherein ab, und blieb dabei konsequent, unkorrumpierbar und kompromisslos. Alleine deshalb, darauf bestehe ich, gebührt ihm aller Respekt, unabhängig davon, was immer Kritiker, die es zu jeder Zeit und für jeden und jedes gibt, ihm in seiner Zeit und späterhin auch ankreiden mochten.

Es gab nur einige wenige Gespräche, die wir geführt haben, auch bewege ich mich als künstlerischer Mensch wohl zu wenig in parteipolitischen Machtstrukturen, um über den Menschen und Politiker Vranitzky mehr als das bisher Formulierte aussagen zu können.

Aber vielleicht noch Folgendes: mir gefiel sehr, dass er zu meinem 50. Geburtstag in den »Gmoa-Keller« kam, wohin ich, in für mich unüblich großem Rahmen, geladen hatte. Ich tat es so aufwendig, um dem damaligen mit mir gleichaltrigen Direktor des Burgtheaters, der meine Kritik an seiner Person damit beantwortet hatte, ich sei eben »zu alt«, um modernes Theater noch zu kapieren, durch das eigene, festliche Betonen meines Alters den Wind aus den Segeln zu nehmen. Vranitzkys

Besuch half mir dabei. Und dass die damalige, wunderbare Wirtin Grete Novak ihn, der erschreckend hochgewachsen und von ebenso stattlichen Leibwächtern umrundet vor ihr stand, am Betreten des Lokals hindern wollte –»Na, na! Des is a g'schlossene G'sellschaft!« –, gehörte bis zum Tod dieser Frau zu einer, von ihr selbst stolz kolportierten, berühmten Anekdote.

Aber eine Geste gab es, die mir viel bedeutet. Ihn mir, fernab jeder öffentlichen Beurteilung, als feinfühlend, mitfühlend, also im besten Sinn menschlich erwies. Kurz nach dem Tod meiner Tochter Anna waren wir beide Besucher eines Abends im Akademietheater. Mitten im überfüllten Foyer trat er wortlos, aber ohne jede Scheu auf mich zu und schloss mich kurz in die Arme. Nur das. Es wird mir unvergesslich bleiben.

Vom Vorlesen

Als Kind hatte ich es genossen, wenn man mir vorlas. Wenn einer mir vorlas, der das konnte. Der
Bilder ähnlich in mir entstehen lassen konnte, als
würde ich das Buch selber lesen.

Später dann, als ich Schauspielerin wurde, er-
staunte mich immer wieder, wie miserabel sehr gute
Schauspieler oft lasen, wenn sie vorlasen. Nämlich
so, dass ich nur Worte hörte und keinen Sinn erfuhr. Und wovor ich prinzipiell zurückschauderte,
waren »feierliche« Autorenlesungen, bei denen
man auch nichts mitbekam, weil der Autor oder die
Autorin es eben nicht konnten, das Vorlesen.

Das brachte mich zu einer Feststellung, die
ich auch oftmals laut verkündete: »Lesen ist die
schönste einsame Beschäftigung, bitte es dabei
belassen!«

Dann aber – vor etwa dreißig Jahren – geriet
ich selbst mehr und mehr in die Anforderung, als
Autorin meine Bücher zu präsentieren. Also vorlesen zu müssen. Ich war gezwungen, meine Abwehr über Bord zu werfen und zu beherzigen, was
ich stets kritisiert hatte. Von Anfang an versuchte
ich, für Lesungen eine Text-Auswahl aus meinen
Büchern zu finden, die in der Kürze dennoch für

die Zuhörer eine Geschichte ergab, und bei der ich eine gewisse Kulinarik walten lassen konnte. Und zu meinem eigenen Erstaunen wurde es für mich mehr und mehr »die schönste gemeinsame Beschäftigung«, als Vorleserin auf so direkte Weise mit Menschen zu kommunizieren. Immer versuchte und versuche ich bei Lesungen das Publikum zu sehen – also mit ihm »Auge in Auge« oder »von Angesicht zu Angesicht« Geschehnisse und Gedanken zu teilen. Es wurde wieder so, wie ich es als Kind mochte – nur war ich jetzt die Vorlesende und sehr darauf bedacht, eine zu sein, »die das konnte«.

Am schönsten und ergreifendsten ist es, Zuhörer zum Lachen zu bringen. Auch wenn das jeweilige Buch in keiner Weise lustig ist und wenig Grund zum Lachen bietet – alle unsere Gemeinsamkeiten bedürfen des Humors. Wenn ich Vorleserin bin, möchte ich fröhlich sein. Also nichts mit »feierlicher« Autorenlesung in schummrigem Ambiente mit Lehnstuhl und Lampenschirm. Wie oft schon habe ich mir Dekorationen dieser Art zum anfänglichen Entsetzen der Veranstalter höflich verbeten und in einem hell erleuchteten Raum Gesichter und deren Reaktionen vor mir gesehen, und mit Menschen einen Abend, mein Buch, und immer wieder meine Liedtexte geteilt. Habe ich Trauer, Nachdenklichkeit und Gelächter geteilt.

Als Kind hatte ich genossen, wenn man mir vorlas.

Jetzt genieße ich es, vorzulesen.

Einleitende Worte zu Lesungen aus »Im Schatten der Zeit«, einem
biographischen Roman über das Leben meiner Eltern
März 2012

Im Schatten der Zeit

Im Schatten der Zeit – unserer Zeit – leben wir
Menschen. Alle. Jeder im Schatten der seinen.
Sich dessen bewusst zu werden und herauszu-
finden, wie und wo man in der Lage sein könnte,
oder sein müsste, diesen Schatten aufzuheben, um
in das Licht des Erkennens, gar der Erkenntnis zu
geraten, will mir als eine der Sinnhaftigkeiten unseres Erdenlebens erscheinen. Aber auch als eine, die
wir gern und zu allen Zeiten mit Gedankenlosigkeit
zuschütten.

Über unseren Köpfen lauert stets auch das Dunkel eines politischen Geschehens und beschattet
uns. Es kann die Gefährdung von Leib und Leben
mit sich bringen, es kann Armut, ja Not erzeugen,
es kann unfrei machen und Menschenrechte mit
Füßen treten.

Es kann uns aber auch opportunistisch und
feige in geistiger Trägheit versinken lassen, während schwer erworbene demokratische Strukturen sich klammheimlich wieder aufzulösen beginnen – während das, was man der Vergangenheit
ankreidet, wieder unaufhaltsam hochzusprießen
beginnt – während weltweit die Barbarei reinen

Profitdenkens unsere gepriesene menschliche Zivilisation und das reine Walten der Natur verstört und zerstört.

Im Schatten der uns zugeteilten Zeit müssen wir alle leben. Gut leben. Uns angstfrei und geborgen fühlen. Das ist verständlich. Wir versuchen Gefährdungen zu übersehen, so lange sie uns nicht selbst elementar überfallen. Wir wollen uns den Blick in eine lebenswerte Zukunft nicht verdüstern lassen. Wir wollen lieben und geliebt werden, wir verteidigen das Glück unserer Kinder, wünschen uns ein gesegnetes Alter, wollen weder darben noch hungern. Alles verständlich.

Deshalb: Trotzdem den Mut und die Stärke aufzubringen, sich einer Diktatur zu widersetzen – sei es der des »1000jährigen« Naziregimes mit seinem Grauen, seinen Vernichtungsmaschinerien ehemals – oder auch nur – nicht als Vergleich, aber als Prüfstein gesehen – der des verdummenden Zeitgeistes, der medialen Manipulation, des digitalen Irrsinns heutzutage –, ist eine Anforderung, der nur wenige Menschen wirklich Folge leisten können. Auch gegen besseres Wissen nicht Folge leisten können. Weil sie es nicht wagen.

Man verlange Wagemut vorrangig von sich selbst. Das lässt sich nicht überspringen. Die anderen, die »vor uns«, des Wegschauens zu bezichtigen, ohne zu überprüfen, inwieweit man selbst der Gegenwart und ihren aufkeimenden Gefährdungen mutvoll ins Auge schaut, hat weder Sinn noch Wert. Bewältigt nichts.

Ich frage mich

Warum Heuchelei sich auf Erden wohl so schwer entschleiert. Warum ein Gesicht, ein Gehabe, eine Diktion nicht eindeutig darauf hinweisen, diese Hinweise stets nur für wenige erkennbar sind. Warum lässt die Mehrheit der Menschen für wahr gelten, was ihr als Wahrheit präsentiert wird, und sei es auch der ärgste Unfug. Für gekonnt, was ihr gekonnt untergejubelt wird. Für außerordentlich, was ihr ordentlich als solches eingebläut wird. Warum sprechen Wissende stets eine Sprache, die man überhört, während Präpotenz offene Ohren findet. Warum gilt der Weise nichts, die Torheit jedoch alles. Und wenn einer sich der herrschenden üblen Tendenzen bedient, statt sie zu bekämpfen, warum gelingt es ihm, diese üble Anpassung öffentlich als einen Kampf gegen das Übel darzustellen? Warum werden faschistoid strukturierte Leute als Kämpfer gegen den Faschismus angesehen, wie kann dieses Missverständnis nur gelingen? Ist es nur Unwissenheit der Betrachter, die dazu führt? Und die gewinnende Schläue der Heuchler, warum bleibt sie stets für so lange Zeit unentdeckt? Wenn der herrschende Zeitgeist sich wendet und ein anderer Wind zu wehen beginnt, haben plötzlich alle, die blind waren, Bescheid gewusst. Warum erkennen und durchschauen stets nur die Wenigen zur rechten Zeit, und die Vielen lassen sich beständig verführen. Warum wird es einem so bitter schwer gemacht auf Erden, wenn man zu diesen Wenigen gehört und leider nichts dagegen machen kann, dass man zu ihnen gehört. Erkenntnisfähigkeit wird zum bitteren Los, wenn rundum die Heuchelei siegt. Das Verstehen der Zusammenhänge wird vom siegreichen Missverständnis niedergewalzt, wieder und wieder. Dahinter steckt das Kalkül derer, die sich Beweihräucherung dort holen, wo es keinen Widerstand gibt: im Dunstkreis der zeitgeistig Angepassten nämlich, bei der – ich nenne es jetzt so – intellektuellen Dummheit, die oft gefährlicher wirksam wird als Dummheit an sich.

Wie hängen Kultur, Macht und Mensch in dieser Hinsicht zusammen?

Macht Kultur uns zum Menschen? Gibt Kultur Macht über Menschen? Hat Macht mit Kultur zu tun? Oder bemächtigt sich die Macht nur der Kultur? Sind die »Macher« im Kulturleben nicht letztlich Feinde der Kunst? Hat »das Machen« uns kulturlos gemacht?

Letztlich ist es unumgänglich, dass wir Menschen auf Erden etwas tun – also machen.

Und letztlich benötigen wir alle einen Brocken Macht – die Macht übers eigene Leben vor allem, um, wie John Updike sagt, nicht »von der Welt gefressen« zu werden. Jeder von uns lebt in einem Lebensbereich, dessen er mächtig sein sollte. Unter Bedingungen, deren er mächtig sein sollte.

Jedoch das Sich-Bemächtigen – sei es im Privaten, im Beruflichen, im Politischen – lässt Macht entarten.

Macht-voll zu sein, ist per se nicht zu verdammen.

Musik kann es sein.

Architektur kann es sein.

Auch Bereiche der bildenden Kunst schaffen es.

Und eine Bühne zu betreten und auf ein Publikum einwirken zu wollen, geht nicht gut aus, wenn du nicht mit der Macht gesegnet bist, Menschen zu bändigen und an dich zu ziehen. Wenn du nicht Charisma hast. Und Charisma ist eine Form von Macht, die man über andere hat. Eine, die man nicht erzwingen kann. Die man eben hat, oder nicht hat.

Auch die politische Bühne fordert solches, und da hat das negative Charisma Einzelner immer wieder Unheil über Menschen, über die Menschheit gebracht. Und wenn heilendes Charisma wirksam werden wollte, hat wiederum die Menschen-Meute so einem Charismatiker mehrmals übel mitgespielt, hat ihn gekreuzigt oder ermordet. Manchmal will es scheinen, als bedürften wir Menschen der Macht-haber. Und das nicht nur in der Politik. Auch kulturell lassen wir uns gern vorschreiben, was uns zu gefallen oder nicht zu gefallen hat. Da ist es der Zeitgeist, sind es die Medien, die uns gängeln.

Und Diktaturen haben stets ihr Kultur-Verständnis durchgepeitscht, da wurde als »entartet« eingestuft, was der Doktrin widersprach und den Geist hätte beflügeln können, aus der Geistlosigkeit auszubrechen. Da wird Kultur zum Macht-Mittel, zur am besten geeigneten manipulativen Kraft, zur Gehirnwäsche erster Ordnung. Oder noch genauer: die Kulturwächter, Kulturbeurteiler, Kulturlandschafts-Bestimmer sind die angepassten Befehlsempfänger und richten aus. Eine Domäne, die in der sogenannten »freien Welt« oftmals das Feuilleton übernimmt. Da sitzen ebenfalls immer wieder sich ihrer Macht bewusste Kritiker und Beurteiler, die eine Kulturlandschaft nach ihren eigenen Vorstellungen, ihrer geforderten Anpassung ausrichten wollen.

Ich selbst bin seit über 50 Jahren – nennen wir es so – »Kulturschaffende« in unserem Land. Zwar hat das Wiener Burgtheater mir lange Zeit, also 40 Jahre, einen schützenden Rahmen gegeben, in dem ich mich aufhielt. Jedoch habe ich ihn bald aufzubrechen begonnen, wurde bereits in dieser Zeit Liedsängerin, Liedschreiberin, und mir gelang, mit Mühe, aber doch, aus einer schreibenden Schauspielerin zur Schriftstellerin zu werden. Trotzdem kann ich mit einiger Sicherheit behaupten, dass ich bei alldem nie die entsprechenden Lobbys und »Szenen« in Anspruch nahm, um mich zu behaupten. Dass ich mich nie mit den kulturellen Machthabern der einzelnen Sparten arrangiert habe. Ich gehörte nie zur Theaterszene, obwohl ich viel Theater gespielt habe. Ich gehörte nie zur Musikszene, obwohl ich seit Jahrzehnten musiziere und mittlerweile über zweihundert Liedtexte verfasste. Ich gehöre nicht zur Literaturszene, obwohl ich ständig Bücher herausgebe. Und trotzdem war ich als Schauspielerin erfolgreich, sind meine Konzerte und Lesungen gut besucht, und werden meine Bücher gekauft. Ich erwähne all dies nicht aus Eitelkeit, sondern versuche anhand meines eigenen Beispiels zu erklären, woran ich nach wie vor unverbrüchlich und fest glaube: dass es nicht der Machthaberei bedarf, um machtvoll auf Menschen einzuwirken. Es gibt neben der medialen Manipulation eine Art »unterirdischer« Kundmachung dessen, was Menschen interessiert, davon bin ich überzeugt. Das Ver-Markten macht zwar publik, ist aber kein Garant für Identifikation. Und Menschen sehnen sich nach Identifikation.

Wenn Kultur nicht zum Spiegel wird, der das eigene Leben und Erleben widerspiegelt, degeneriert sie zum Spektakel, zum Event, zu alldem, was sich unser in diesen Zeiten leider ständig bemächtigen will. Der kultivierte, gebildete, kunstsinnige Zeitgenosse muss sehen, wo er bleibt, muss sich seine eigene geistvolle Welt in der platten Gottverlassenheit unserer Quotenlandschaften erschaffen. Und die Sinn-Suchenden, Erlebens-Sehnsüchtigen laufen den törichten Heuchel-Versprechungen diverser Sekten und Religionsgemeinschaften in die Arme. Sie glauben, Schutz in der Spiritualität zu erfahren, und geraten an knallharte, erfahrene Ausbeuter menschlicher Ängste und Unsicherheiten. Die Abteilung für Bücher über Lebensberatung nimmt mittlerweile in den Buchläden meist den größten Raum ein, auch im Verlagswesen hat man sich der Schwäche und Ausgesetztheit des Menschen bemächtigt, Bücher versprechen Rat und Tat in jeder Lebenslage und werden deshalb heftig gekauft. Auch dies gehört letztlich ins Reich der Spektakelkultur, des Kulturkonsums, der Heuchelszenerie.

Sich selbst mit aller Macht den Bemächtigungstendenzen aus Kultur und Politik zu entziehen, dazu sind und bleiben wir aufgerufen, wenn wir unserem Mensch-Sein Gehalt, Gestalt und Würde geben wollen. Wir sollten unsere menschliche Existenz dazu ermächtigen, gegen jede Form von Machtwahn und Menschenverachtung anzutreten. Wir sollten es erlernen, die Facetten der auf uns einwirkenden Heuchelei kraft geschulter eigener Aufrichtigkeit zu durchschauen.

Eine Utopie, ich weiß.

Aber Utopien geben eine Richtung vor und haben immer schon neue Wege erschaffen.

Auch wenn auf diesem Weg das gesuchte Ziel, der gewünschte Erfolg, die ersehnte ungeheuchelte Lauterkeit nicht erreicht werden kann: Richtig auf dem Weg zu sein, schenkt einem Menschenleben denn doch den gesuchten Sinn und die gewünschte Würde.

Karlheinz Hackl

Karlheinz, von vielen von uns meist liebevoll Karli genannt, wurde in den späteren Jahren meiner jahrzehntelangen Burgtheater-Zugehörigkeit ein unverzichtbarer Teil dieses großen Hauses. Für mich anfangs ein junger Kollege, entwickelte er sich rasch zu einer ganz besonderen, eigenwilligen Gestalt innerhalb des Ensembles, zu einer neuen Farbe im bunten Reigen der Schauspieler, die mir sehr bald auffiel. Er kam, als ich dort schon Jahre als Schauspielerin zugebracht hatte – ja, ich sah in ihm das Neue, Junge im Vergleich zu meiner Alteingesessenheit. Dass ich heute hier von ihm in dieser Weise sprechen, dass ich von ihm Abschied nehmen muss, tut mir weh. Es sollte umgekehrt sein.

Aber so ist es mit den Verlusten, ich weiß es sehr wohl. Sie richten sich nicht nach unseren menschlichen Vorstellungen von Gerechtigkeit.

Freundschaftlich nahe kamen wir zwei uns bei den Proben zu Robert Musils Stück »Die Schwärmer«. Regie führte der polnische Regisseur Erwin Axer – für mich auch ein liebgewonnener Freund, der vor nicht allzu langer Zeit in hohem Alter in Warschau starb. Dieses Stück war ewig lange nicht mehr gespielt worden, musste von uns nahezu neu entdeckt werden, und bestand aus Textlawinen mehr denn aus Aktionen. Das beunruhigte uns Schauspieler, wir vertrauten den Worten nicht, dachten, es müssten doch auch Taten zu sehen sein.

Karlheinz und ich beschlossen, eine Szene von uns beiden zur am nächsten Tag anfallenden Probe im Alleingang vorzubereiten. Wir trafen uns in geheimnisvoller Zweisamkeit in einem Probenraum und ließen uns viel einfallen – unsere Bühnenphantasie tobte. Ich werde nie vergessen, wie es uns berauschte, dem Musil-Text ein Schnippchen zu schlagen, indem wir ihn mit Körpereinsatz kulinarisch würzten. Vor allem Karlheinz war unerschöpflich an Ideen, ich bewunderte seine moderne Jugendlichkeit. Wir krochen unter einen Tisch, wickelten einander in Tücher, zu guter Letzt auch uns beide in einen Teppich, mit dem wir, das geforderte Gespräch nicht unterbrechend, sondern brüllend fortsetzend, quer über die Bühne rollten. Toll!, fanden wir beide, das ist modernes Theater!

Tags darauf baten wir Axer, sich doch bitte einmal anzusehen, was an Vorbereitung und Einsatz Schauspieler in der Lage seien, einem Regisseur anzubieten. Aber sehr gern, meinte er, und nahm vor uns Platz. Wir spielten ihm die ganze Szene vor, ohne dass er unterbrach. Sie gelang uns perfekt, fanden wir, wir ließen unseren inszenatorischen Einfallsreichtum mit all unserer schauspielerischen und körperlichen Intensität auf ihn einwirken.

Als wir schließlich am Ende der Szene schwer atmend aus dem Teppich krochen, schwieg der Regisseur. Es hat gewirkt, dachten wir stolz.

Erwin Axer, ein besonders nobler und stets höflicher Mann, sah uns ruhig an und nickte nach einer Weile.

»Oh ja«, meinte er,»das war – ja, das war sehr intensiv gespielt. Wirklich sehr intensiv, eine gute Vorbereitung für unsere Probenarbeit, ich danke euch.«

Ha, dachten wir, gelungen!

»Aber«, fuhr Axer fort,»aber ich würde vorschlagen – genau so, ja! – aber vielleicht nicht unbedingt unter dem Tisch – und vielleicht ohne diese Tücher – und ohne die Teppichrolle? Aber sonst – genau so –«

Jetzt schwiegen wir, Karli und ich.

Die Aufführung der»Schwärmer« wurde auch ohne die von uns vorgeschlagene Kulinarik besonders erfolgreich, und wir spielten sie beide sehr gern. Für mich wurde dieses Erlebnis mit ihm gemeinsam zu mehr als einer Anekdote. Es hatte uns beiden etwas Wesentliches vom Theaterspielen erzählt – und für mich war Karli von da an ein Freund. Nicht einer, den man häufig sieht oder trifft, mit dem man viel Leben teilt. Aber einer, bei dem jedes Wiedersehen von Vertrautheit begleitet war. Ja, es gibt Menschen, die einem vertraut sind, auch wenn dies nicht aus beständiger Nähe resultiert. Genau in dieser Weise nahm ich Karlheinz aus der Ferne stets sehr eindringlich wahr – sein Wirken und Werden, sein Erleben und Erleiden. Wenn unsere Wege sich kreuzten, bedurfte es nie vieler Worte.

Zum letzten Mal traf ich Karlheinz in einer Buschenschank in der Wildgrubgasse. Wir feierten dort im Oktober 2012 den Geburtstag eines Freundes, es war ein besonders schöner, leuchtender, warmer Herbsttag, wir saßen in der Sonne im Garten. Da spazierte unten am Tor ein einträchtiges, einander innig zugewandtes Paar vorbei. Es waren Karlheinz und seine wunderbare Maria. Als wir sie erkannten, baten wir die beiden, doch zu uns herauf zu kommen. Was sie dann auch taten.

Ich vergesse es nicht – Karli trug ein Käppi und einen losen Umhang.

Wir zwei saßen eine Weile sehr friedlich nebeneinander in der warmen Herbstsonne und schimpften. Wir hatten bei unseren sporadischen Zusammentreffen stets Lust und Laune, einander kräftig schimpfend mitzuteilen, was alles am Theater, in Österreich und auf Erden uns missfällt. Nie vergesse ich sein gewisses, ganz spezielles, ironisch-meckerndes Auflachen dabei – ja, sehe und höre es gerade jetzt deutlich vor mir –, und ich denke, alle hier, die ihn gut kannten, wissen, wovon ich spreche.

Schön, dass man sich heute hier im Akademietheater an Karlheinz Hackl in diesem Rahmen erinnert. Sah ich ihn doch auf dieser Bühne in Feydeaus »Klotz am Bein« so unnachahmlich, für mich so unvergesslich, mit blutigem, leidenschaftlichem Ernst dermaßen komisch sein, dass ich Tränen lachte und weinte. Ihm heute hier zu gedenken, ist innerhalb der oft bestürzenden Vergesslichkeit der Theaterszene ein Zeichen dafür, dass ein Theater – obwohl ewiges »Jetzt« – auch würdevoll und ehrend mit unser aller Vergänglichkeit umgehen kann. Dass es die Spuren derer bewahren kann, die es einst prägten.

Und das, lieber Karli, das hast du getan. Du hast dieses Theater und deine Zunft kraft deiner Einmaligkeit und Unverwechselbarkeit bereichert und mitgeprägt. Dauer ist uns allen nicht beschieden. Jedoch gibt es die Kraft der Erinnerung, sie lässt ein Weiterleben zu. Wir werden dich nicht vergessen.

Beitrag für eine Publikation der Initiative
»Kunst und Kultur vom Rand«
Juni 2014

Murales

Als ich Portugal in den Siebzigern des vergangenen Jahrhunderts kennenlernte, war dies die Zeit des Aufbruchs nach der sogenannten »Nelkenrevolution«. Ich erfuhr dort die verändernde Kraft von Kunst, wie in dieser Weise weder vorher noch nachher. Diese unblutige Revolution, damals weltweit beachtet und bestaunt, wurde von portugiesischen Künstlern vorbereitet und getragen. Es waren die Lieder von José Afonso – das berühmte »Grandola« zum Beispiel –, es waren Schriftsteller und Dichter, Maler und Bildhauer, die ohne Rücksicht auf persönliche Verluste und Bedrohungen gegen die Diktatur Salazars auftraten. Und es war schließlich eine Bevölkerung, die diesen Umsturz singend, tanzend und ohne Gewaltausübung zu feiern vermochte. Ich erlebte die Stadt Lissabon von Wandmalereien – ähnlich den Murales in Mexiko – üppig und ergreifend durchsetzt. Sie waren für mich Hinweis, Erläuterung, Atem des Geschehenen. Und so gesehen waren sie für mich Kunst als reine menschliche Möglichkeit, ohne Kunstmarkt, ohne museale Bewertung – Kunst als Lebens- und Überlebensprinzip.

Man hat die Wandmalereien in Lissabon nicht als »Fassadenkunstwerke« bewahrt, leider. Wie jede Utopie verglomm auch der erneuernde Geist dieser Zeit. In meiner Erinnerung lebt jedoch beides weiter.

Integration

Integration – also Eingliederung, Vereinigung, Vervollständigung – scheint dem Menschen in vieler Hinsicht schwerzufallen, schon private, zwischenmenschliche Aspekte beweisen es.

Mir persönlich ist stets wichtig, allgemeine Feststellungen, Widerstände und Bemühungen mit persönlichen Erfahrungen und Erkenntnissen zu untermauern. Ich möchte immer wissen, wovon ich rede, und verweigere die Abstraktion, schlicht für alles »Gute, Wahre und Schöne« zu sein. Und deshalb weiß ich, weshalb ich mich in dieser Frage zu Wort melde, ich weiß es aus Anschauung und aus individueller Betroffenheit.

Meine Großeltern väterlicherseits kamen mit ihren Kindern, also auch mit meinem Vater, aus der Tschechoslowakei nach Wien, sie und er erfuhren auch schon damals, was es bedeutet, hier Ausländer oder »Zuagraste« zu sein.

Mein jetzt 30-jähriger adoptierter Enkelsohn ist in Wien geboren, ist Österreicher, aber in dieser Stadt immer wieder »Ausländer«. Er ist afrikanischen Ursprungs, und ohne dass er sich je viel bei mir beklagt hätte, weiß ich, wie sehr er immer wieder unter diesem Umstand litt. Obwohl er es in einer weitaus privilegierteren und abgesicherten Form erleben durfte und darf als andere, hatte und hat er dennoch ständig mit rassistischen Vorurteilen und Konfrontationen zu kämpfen.

Mein Enkelsohn war als Kind »Neger«, wenn's drauf ankam. Ich hörte ihn und einen dunkelhäutigen Schulfreund einander scherzhaft so nennen, was mir bewies, wie oft sie in dieser Weise angepöbelt wurden. Und als pubertierender Junge, wenn alle seine Wiener Freunde in die Disco durften, hat man ihm oft den Eintritt verboten, weil er ja »Drogendealer« sein könnte. Im Älterwerden, als hübsche »weiße« Mädchen Gefallen an ihm fanden, als erwachsene Freunde selbst Clubs leiteten, hat sich das verbessert.

Meine verstorbene Tochter hat zu ihren Lebzeiten ihr Haus beispielhaft auch zu einer Art »Integrationshaus« gemacht. Bei ihr gab es Freundinnen und Freunde verschiedener Hautfarben und Sprachen, Saharauis, Menschen aus Westsahara, woher mein Enkelsohn stammt, lagerten auf Teppichen, man bereitete Tee oder Couscous zu, man verständigte sich auf selbstverständliche Art und man lachte gemeinsam. Es gab bei Anna genau das, was Integration wohl ausmachen sollte: die gegenseitige Eingliederung und respektvolle Ergänzung, das Aufheben von angstvollem Fremdsein und freie menschliche Nähe.

Mir ist bewusst, dass solches zwischenmenschlich nur in kleinerem Rahmen gelingen kann. Dass Existenzangst, Unbildung und die Hetze von rechts Rassismus und Fremdenfeindlichkeit immer schüren werden, dass der Kampf dagegen nur mit dem Wissen um die Kraft der Utopie geführt werden kann. Ich bin ein Verfechter von Utopien. Sie führen nicht zum endgültigen Ziel, aber sie lassen uns die richtigen Schritte setzen.

Glaube – Geld – Gelassenheit

Liebe Absolventinnen und Absolventen,
dass ich heute, an diesem für Sie so besonderen
Tag, dem Ihrer Sponsion, hier als Festrednerin das
Wort ergreife, ist für mich eine Herausforderung.
Ich betrete damit Neuland. Dass ich aber schnell
bereit war, es zu tun, lag an dem Umstand, dass Barbara Prammer dafür vorgesehen war – und es nicht
mehr tun konnte. Barbara war für mich politisch,
menschlich und freundschaftlich eine wesentliche
Zeitgenossin, ihr Weggehen hat mich tief getrof-
fen. Aber vielleicht ein wenig auch in ihrem Sinn,
ich hoffe es, möchte ich heute zu Ihnen sprechen.
Obwohl ich den Belangen einer Wirtschaftsuniver-
sität mit Sicherheit nicht so nahe bin, wie sie es gewesen wäre.
Ja, das zuvor von mir zitierte »Neuland« ist für
mich das Thema »Wirtschaft« – wahrlich bin ich
damit in fachlich-wissender Weise nicht vertraut.
Und das, obwohl ich – mein mittlerweile sehr langes Leben lang – ein finanziell völlig selbstständi-
ges Frauenleben geführt habe, das natürlich – und
oft sehr dringlich – mit wirtschaftlichen Fragen
verbunden war. Vor allem auch deshalb, weil ich
irgendwann damit begonnen habe, selbst Produ-
zentin meiner Tonträger und teilweise auch Bü-

137

cher zu werden, und mein eigenes Management zu übernehmen. Beides, um mir bei den Inhalten und Äußerungen meines Berufes weitgehend Freiheit zu bewahren, und mich nicht als »Produkt« fremdbestimmt vermarkten zu lassen.

Dieser Begriff: Vermarkten – gerade in meiner Profession so gern gebraucht – ist mein Gegner, ich gebe es zu. Wenn man sich merkantilen Interessen, also »dem Markt«, mit Haut und Haar unterwirft, verliert man an Wert. So sehe ich das. Es hat meiner Meinung nach mit gesunder, klarer Wirtschaftlichkeit und Existenzsicherung nichts zu tun. Und das nicht nur im Bereich von Kunst und Kultur. Nun ist aber mein Leben stets ein künstlerisches gewesen, nennen wir's so. Nicht als Traumtänzer führt man ein solches, fernab jedweder wirtschaftlichen Realität, nur eben nicht primär als Wirtschaftstreibender.

Mir war immer bewusst, dass politische Themen, an denen ich ja stets intensiv Anteil genommen habe, nicht ohne einen wirtschaftlichen Aspekt zu sehen und zu beurteilen sind. In der Politik, vor allem wenn sie mit Machtgewinn und Machterhalt zu tun hat, dreht es sich immer – schlicht gesagt – um Geld. Um ökonomische Zielsetzungen. Wenn ein Staat seiner Bevölkerung nicht einigermaßen wirtschaftliche Sicherheit bieten kann, ist das stets mit Folgeerscheinungen verbunden, die uns gefährden. Stets haben Faschismus, Rechtsradikalismus und Rassismus dort Fuß gefasst, wo Armut vorhanden war, oder ausgebrochen ist, oder auch nur befürchtet wurde. Stets hat der Populismus ein leichtes Spiel, wenn die Menschen in Existenzängste geraten. Und auch jede Form von Fanatismus, Fundamentalismus, wie wir es heute so bestürzend erleben, basiert nicht so sehr auf religiösen Glaubenssätzen, als auf Armut und Unbildung.

Wo Menschen sich elend, ausgegrenzt, aussichtslos anheimgegeben fühlen, ist der Ruf nach dem Sichbemächtigendürfen, nach Gewalt und Mord – innerhalb einer Gruppierung, der sie angehören können, die sie aufnimmt und umgibt – vor allem bei jüngeren Menschen meist einer, dem sie gern folgen. Alles, was der scheinbaren Aufhebung von Ängsten dient, ist eine Manipulation, der sich Menschen bereitwillig unterwerfen. Vor allem eben Menschen ohne Bildung, ohne politischen Überblick, ohne wirtschaftliche Einsicht.

Und an dieser Stelle komme ich mit einem Appell, der für uns alle gelten sollte, heute auch auf Sie zu – auf Sie, deren Studium, wie ich denke, Ihnen ja genau dies erworben hat – nämlich Bildung, politischen Überblick und wirtschaftliche Einsicht.

Bei aller Berücksichtigung wirtschaftlicher Fragen und notwendiger, ökonomischer Gesichtspunkte bleibt gerade die Frage eines behutsameren Umgangs damit relevant. Wird die Frage nach den Ressourcen unseres Planeten eine brennende. Die Erdbevölkerung wächst. Es wird immer schwieriger, sie zu ernähren, zu bilden, mit Energie zu versorgen. Probleme wie das der Wasserversorgung werden an Dringlichkeit zunehmen, der Klimawandel steht nicht mehr nur vor der Tür, er hat uns bereits erreicht. Da gibt es doch gerade zurzeit den Schrei nach drastischem Reduzieren der Schadstoff-Emissionen, der geflissentlich überhört oder mit fernen Zukunftaussichten beruhigt wird. Beides im Hinblick auf weltweite Profite, von denen man sich nicht trennen will.

Wirtschaftliches Denken sollte doch das Nachdenken über Ethik, Geisteskraft, Vernunft und Menschenwürde nicht ausschalten. Und das beginnt ja – wie alles, was weltweit uns Erdenbewohner betrifft – schon im engen Umfeld unseres eigenen Daseins. Wenn wir hier und hierzulande dem überbordenden Konsum Tür und Tor öffnen, fängt das Unheil schon an. Verzeihen Sie mir diesen doch sehr dramatisch klingenden Begriff: Unheil. Aber genauso, als drohendes Unheil, überfällt es mich immer wieder, wenn ich beobachten muss, wie wir einer maßlosen Fortschritts- und Profitorientierung unsere Lebensqualität opfern, wie wir uns vertechnisieren und verdummen, als Lemminge ins »Shoppingcenter« jagen lassen – wie menschliche Bedürfnisse, menschliche Kommunikation, menschliche Lebensbereiche aussterben.

Unter »menschlich« verstehe ich das Eingebundensein in eine offene, der Natur nicht entfremdete, mit Nächstenliebe ausgestattete Menschen-Gemeinschaft.

Wissen Sie – ich habe immer wieder, schon mein Leben lang, und auch heute noch, Umgang mit dem, was man »Publikum« nennt.

Im Duden – und ich denke auch, wenn man den Begriff googelt – wird Publikum als eine »teilnehmende, beiwohnende Menschenmenge« erklärt. Und ich wurde – trotz all meiner berechtigten Skepsis im Hinblick auf die Spezies Mensch – denn doch eine Verfechterin des Mensch-Seins, eben durch meine Erfahrungen mit Publikum.

Immer aus gänzlich verschiedenartigen Einzelpersönlichkeiten zusammengesetzt, hat man stets ein Wesen vor sich. Ein atmendes, wahrnehmendes, unverwechselbar einzigartiges Wesen, das – meiner Meinung und Erfahrung nach – stets »richtig« reagiert. Wenn die Leute vor dir zu viel husten, ist etwas falsch oder langweilig, also »unrichtig«. Wenn die Leute vor dir plötzlich atemlos still werden, dann stimmt etwas. Ich spreche jetzt in meinem Fall natürlich vom inhaltlich bestimmten, authentischen Zugehen auf ein überschaubares Publikum, und nicht von der allseits alles erobernden Spektakel-, Event- oder Zirkuskultur. Obwohl gerade auch dabei –, neben der profitorientierten Vermarktung und dem Wunschziel gigantischer Einnahmen – könnte die Qualität des Gebotenen ebenfalls bestimmend bleiben. Es wäre auch dabei nicht notwendig, sich unter die vielzitierte Gürtellinie zu begeben, guten Geschmack und Intelligenz völlig zu verwerfen. Auch dabei ist Publikum ein Wald, der zurückruft. Verblödung und Massenhysterie eben – oder eine gescheite, bewegte Begeisterung.

Und Ihnen, liebe Absolventinnen und Absolventen, Ihnen möchte ich dieses große, ewige Publikum, diese teilnehmende, beiwohnende Menschenmenge ans Herz legen. Bildung – Arbeitsplätze – finanzielles Auskommen – Menschenwürde. Sich dieser einfachen Strukturen und Anliegen bewusst zu sein und zu bleiben, das wäre für mich der ethische Anspruch all dessen, was Ihr Studium Sie lehrte. In meinen Augen sind Sie gewissermaßen aufgerufen, jede und jeder natürlich an seinem Platz, mit mehr oder weniger Einfluss, wie auch immer, die Grundlagen dafür zu schaffen, dass unsere Gesellschaft in reiner, feiner Funktion, ohne Hetze von Rechts-Außen und Angst-Phobien, ihr Miteinander, ihre Anteilnahme, ihr kulturelles und intellektuelles Verständnis, das Aktivsein und den Lebensabend, ich möchte fast sagen »Freud und Leid«, ohne Not, Verarmen, ohne wirtschaftlichen Absturz leben und erleben kann.

In diesem Sinne wünsche ich Ihnen allen einen freudvollen, sinnvollen Berufsweg, der Ihnen Erfüllung schenken möge mehr als das Hochsteigen auf einer Karriereleiter. In einem ganz anderen Bereich tätig, weiß ich sehr genau, wovon ich spreche.

Uns am Abend, nach allem Tun und Wirken, ohne Scham im Spiegel anschauen zu können, darum geht es.

Haben Sie es gut!
Danke.

Brief an Österreich

Als Bürgerin des Landes Österreich möchte ich
mich beim Schreiben dieser Zeilen verstanden wissen als eine Frau, die in diesem Land geboren, auf-
gewachsen und alt geworden ist.

Ich gehe jetzt in mein 78. Jahr.

Bin 1939 geboren und habe als meinen ersten
und prägenden Eindruck von Leben den Zweiten Weltkrieg erlebt. Ich war als Kind in Wien,
als die Stadt bombardiert wurde. Wer nicht selbst
Krieg erfahren hat, weiß nicht, was Krieg bedeutet. Da kann man im Fernsehen noch so schreckliche, verstörende Bilder sehen, sie bleiben einem
trotzdem fern, ja, sie bleiben letztlich in Nähe der
Krimis, die wir täglich serviert bekommen. Sicher,
man ist betroffen, »die armen Menschen!« sagt
man sich. Aber die Angst, das Leid und Entsetzen, die seelische und körperliche Not – man
kann es nicht nachfühlen, nicht mitleiden, nicht
ausdenken.

Seit nunmehr zweiundsiebzig Jahren herrscht in
unserem Land Frieden.

Beinahe drei Generationen konnten ein Leben
ohne Krieg führen. Sich in einer beispielhaft funktionierenden Weise demokratisch und sozial geborgen fühlen.

Ich stelle fest, dass mittlerweile fast alle Menschen um mich herum zu jung sind, um das noch zu würdigen. Es ist ihnen ein Selbstverständnis, wie friedvoll, lebenswert, ja, wie schön es hier bei uns ist. Was für ein gesegnetes Land aus diesem Nachkriegs-Österreich entstand, und wie es das bis heute bleiben konnte. Deshalb möchte ich Sie, meine Mitbürgerinnen und Mitbürger, dazu auffordern, ja sie darum bitten, sich dessen bewusst zu sein, oder sich dessen wieder bewusst zu werden. Auch jetzt, auch heute. Österreich ist, weltweit gesehen, eines der führenden Länder in puncto Lebensqualität, Sicherheit, sozialer Verantwortung. Daran konnten auch die Flüchtlingsbewegungen, die uns im vergangenen Jahr ereilt haben, nichts ändern. Niemandem wurde etwas weggenommen dadurch.

Sicher, es gibt auch Armut bei uns, die zu bekämpfen ist. Sicher, vom Lebenskampf aller Menschenwesen sind wir alle auch hierzulande nicht verschont. Und sicher, wir alle haben Angst, weil wir Menschen eben alle Angst haben! Unsere Endlichkeit, Sterblichkeit, sich dem Schicksal ausgeliefert fühlen – wer hadert und kämpft nicht mit dem menschlichen Da-Sein!

Aber lassen wir uns nicht einreden, uns nicht zu der Meinung verführen, einzig der österreichische Staat, die österreichische Politik, gewisse Politiker, gewisse Sensationsmeldungen, gewisse Aufreger in den Medien, all dies seien Ursachen all unserer persönlichen Ängste und Unsicherheiten.

Ich schreibe diesen Brief und sende ihn hinaus. Dorthin, wo heutzutage ein Dickicht an unreflektierten Augenblicks-Aussagen wuchert, wo wild gepostet und getwittert wird, jeder seine Meinung, wie auch immer, hinaus- und hineinwerfen kann.

Weil ich mich in diesem Meinungsgetümmel ein einziges Mal, und genau jetzt, in dieser Zeit, zu Wort melden möchte. Nicht um ebenfalls zu agitieren, zu beschuldigen, sondern um zu besonnener Vernunft aufzurufen. Nicht kritiklos werden, nicht alles hinnehmen, klar! Aber bei Verstand bleiben. Der »gesunde Menschenverstand«, es gibt ihn. Und der gesunde Menschenverstand muss uns doch bei allen vorhandenen Schwierigkeiten und Problemstellungen klarmachen können, dass wir zwar in fordernden, problemreichen Zeiten leben, dass jedoch Europa, und da vor allem Österreich, uns nach wie vor ein menschenwürdiges, lebenswertes und gesichertes Umfeld und Leben bietet.

Lassen wir uns das nicht rauben. Nicht durch Machtanspruch und Manipulation zerstören. Bewahren wir uns die Lebensqualität einer friedlichen, der menschlichen Vielfalt aufgeschlossenen, humorvollen, zum Genießen fähigen Spezies. Bleiben wir doch in aller Freiheit Österreicher, ohne deshalb verängstigte Nationalisten werden zu müssen und gleichzeitig wieder irgendwo Anschluss zu suchen. Kämpfen wir lieber um dieses Land, statt es abzuwerten.

Fragen

1.) Was ist aus Ihrer Sicht das wichtigste Zukunftsthema?

Uns davor zu hüten, das schwer errungene Miteinander in einem demokratischen, offenen, letztlich wohlbestallten Staat – welcher Österreich ist! – jetzt auf unbelehrbare Weise wieder aufzugeben. Und weltweit gesehen ist es natürlich die Frage der ökologischen Verwüstung unseres Planeten, der wir uns ausliefern.

2.) Das Thema Migration wird von drei Parteien massiv besetzt. Ist das Miteinander verschiedener Kulturen in unserem Land eigentlich so schwer?

Wenn wir Rassismus und Fremdenfeindlichkeit beiseitelassen oder besiegen könnten – diese uns manipulativ aufgedrängte Angst –, dann könnten wir lernen, dieses Miteinander zu schaffen. Meine Großeltern väterlicherseits kamen aus der Tschechoslowakei. Ich habe als Gymnasiastin bei der Versorgung von Ungarn-Flüchtlingen mitgeholfen, und es ging sich immer aus. Jetzt ist es unsinnig, die Augen vor einer weltweit uns ereilenden Völkerwanderung zu verschließen. Wir können lernen,

Erfahrungen sammeln – und es schaffen! Ganz wie Frau Merkel es sagte und meinte.

3.) Was wäre die schlimmste Situation, die nach dieser Wahl eintreten könnte?

Ein neuer Faschismus.

4.) Vor welchen Herausforderungen wird die neue Regierung stehen?

Genau das zu vermeiden. Und Österreich seine Lebensqualität und – ja! – Schönheit gegen alle klarerweise vorhandenen, aber zu bewältigenden Widerstände und Schwierigkeiten zu bewahren.

5.) Gibt es ein Grundübel, an dem dieses Land krankt?

Der Mangel an politischer Bildung und Weitsicht, Vernunft und Empathie. Und das Anwachsen des Hass-Potenzials.

Daran krankt eben nicht nur unser Land, und das macht unser Heute so gefährdend.

Rede anlässlich der Aufführung der Kantaten 5 und 6 des
Weihnachtsoratoriums von Bach in der Christuskirche zu Salzburg
6. Januar 2018

TROTZDEM

Ich grüße Sie alle hier – vereint in der Ehrfurcht
vor dem, was die Musik Johann Sebastian Bachs in
unseren Seelen anrührt.

Lassen Sie mich mit einem Zitat beginnen:
»Im Erfüllen von Sinn verwirklicht der Mensch
sich selbst.

Erfüllen wir nun den Sinn von Leiden, so verwirklichen wir das Menschlichste im Menschen, wir
reifen, wir wachsen, wir wachsen über uns selbst hinaus. Gerade dort, wo wir insofern hilflos und hoffnungslos sind, als wir eine Situation nicht ändern
können – gerade dort sind wir aufgerufen und ist
uns abverlangt, uns selbst zu ändern.«

Das sind Sätze von Viktor Frankl, vielen von
Ihnen sicher wohlbekannt, die mich trafen, als
ich mich selbst zutiefst in einer dieser Situatio-
nen befand.

Viktor Frankl, dieser unerschütterlich gläubige
Mann, der große Philosoph und Psychotherapeut,
mit seinem Hauptwerk »Trotzdem ja zum Leben
sagen«, steht quasi hinter mir, wenn ich heute vor
Ihnen stehe.

148

Aber ich werde bei meinen eigenen Überlegungen zum Begriff »Trotzdem« bleiben, der seit
frühen Jahren auf eine völlig eigenständige, in
mir selbst entstandene Weise für mich lebens-not-
wendig geworden ist. Es gibt im Repertoire meiner
Liedtexte nicht nur ein Trotzdem-Lied, das erste
schrieb ich als noch nicht Vierzigjährige, ehe ich
damals meine erste Schallplatte aufnehmen durfte,
auf der ich nicht nur Interpretin war, sondern auch
Texterin all der von mir gesungenen Lieder. Mein
erstes »Trotzdem-Lied« also, von mir kämpferisch
gemeint damals, lautete in Auszügen so:

»Schau dir das hingespuckte Stück Leben an
vom Geborenwerden bis hin zu einem Tod
Wie das nur wehtut und uns quält
und so müde macht die Suche nach dem Glück
Trotzdem kämpfen wir
Trotzdem glauben wir
Trotzdem lieben wir … Trotzdem …
Schau dir die Welt und ihre Kriege an
dieses endlose Morden, die Zerstörungen ohne
     Sinn
Und wie man unsern Stern verdirbt und langsam
     schleift
Nur weil das Geld die Welt regiert
Trotzdem …

Ich glaubte damals an das aufrechte Wort aller denkenden Menschen – glaubte daran, dass nur böse
politische Systeme uns Menschen korrumpieren –
und ich glaubte damals auch noch daran, dass
diese ermüdende Suche nach dem Glück uns auch
irgendeinmal Glück finden lässt. Jetzt weiß ich, dass
es nicht darum geht, Glück zu suchen, sondern

etwas, weswegen wir glücklich sein können – ein tief greifender Unterschied.

Mein kämpferisches »Trotzdem« damals entstand aus ersten politischen Ahnungen, die keinem fundierten politischen Wissen entsprangen, aus ersten menschlichen Enttäuschungen, die mir die Hoffnung noch nicht getrübt und Illusionen noch nicht zerstört hatten, aus einem ersten kritischen Zweifel, der jedoch meinen Glauben an den Sieg der gerechten Wahrheit noch nicht ins Wanken gebracht hatte. Hierzulande und in der damaligen DDR schmetterte ich dieses Lied von den Bühnen herab, fest davon überzeugt, Menschen von diesem »Trotzdem« überzeugen zu können.

Das Lied befand sich auf einer Schallplatte, der ich den Titel »Narben« gegeben hatte, und auf dem Cover standen, von meiner Hand geschrieben, folgende Zeilen:

Die Angst vor dem Verlust ist es
nicht vor dem Verlorenen
Die Angst vor dem Sterben ist es
nicht vor dem Tod
Der Schnitt schmerzt
Die Wunde ist zu ertragen
wird Narbe –
unverlierbar
ein Schriftzug

Mir will jetzt scheinen, als hätte ich dadurch, auf seltsame Weise ahnungsvoll vorausschauend, schon damals meinem »Trotzdem« eine andere und tiefere Dimension gegeben. Nämlich die, Verlust und Leid zu ertragen. Einen geliebten Menschen hatte ich schon durch Selbstmord verlieren müssen, und die Brüchigkeit einer »öffentlichen« Existenz, wenn sie sich nicht mit Verantwortlichkeit verbindet, war mir gerade zum ersten Mal bewusst geworden. Ich war anfängerhaft dabei, die Abschiede zu erlernen. Diejenigen, die der Tod uns zufügt, aber auch die des Liebesverlustes und des Alterns. Sehr früh schon, knapp über vierzig, konfrontierte ich mich bereits damit, dass alles sterben muss, der Mensch, die Liebe – auch die eigene Jugend.

Aber zu meinem inneren Halt wurde immer wieder dieses »Trotzdem«. Eben trotzdem zu leben, trotzdem zu lieben, sich trotzdem nicht aufzugeben. Wie sehr, wie bis zum Äußersten ich diesen Halt eines Tages brauchen und für wahr und wirksam befinden würde müssen, konnte ich damals freilich noch nicht ahnen.

Es kommt der Tag – und ich frage mich, ob nicht im Leben eines jeden Menschen –, an dem diese schlichten und gewissermaßen ewigen Sätze in einem entstehen. Sätze, die wieder und wieder von Menschen gesagt und gedacht wurden und werden, die elementar menschlich sind wie der Aufschrei Jesu Christi:»Mein Gott, warum hast du mich verlassen!«

Sie lauten: Ich bin des Lebens müde. Ich fühle mich am Ende meiner Kraft. Ich weiß mir nicht mehr zu helfen. Ich kann nicht mehr. Ich gebe auf.

Wer kennt ihn nicht, diesen Schrei unserer Seele. Wenn ein Schmerz uns töten möchte. Oder nachdem man vielleicht zu lange versucht hat, Lebensmühe oder Leid zu übertönen oder wegzudrängen. Wenn unser Lebensende uns unausweichlich vor Augen steht. Wenn wir den Verlust eines geliebten Menschen ertragen müssen. Wenn wir leben, ohne uns blind und taub zu stellen, sondern im vollen Bewusstsein von Abschied, Trauer, Vergänglichkeit. Man kann bei Gott Zuflucht finden, wenn dieses Vertrauen, dieser Glaube in einem ist. Oder man findet – so wie ich – Kraft und Lebensmut in diesem »Trotzdem«. Jedoch es in sich entstehen zu lassen, bedeutet nicht unbedingt Entrinnen oder Schmerzminderung, kein helles, heilendes, tröstendes Ziel wird dadurch näher gerückt. »Trotzdem« bedeutet nur, standzuhalten. Das Weiterleben auf sich zu nehmen. Den nächsten Schritt zu tun. Und dieses »nur« ist letztlich alles. Weil es uns das Wissen von Leben und die Befähigung für das Leben zurückgibt.

Auszüge aus einem Interview-Gespräch mit Inge Patsch für die
Broschüre zu einem von ihr veranstalteten Viktor-Frankl-Symposion
13. Januar 2018

Trotzdem Überleben

Das Wort »Trotzdem« war zuerst eher politisch gemeint?
Ja, aber immer auch privat. Das Signal, das mir aus diesem Wort geschenkt wurde, ist diese Lebensbemühung, dass man seine Schritte setzt, ohne zu glauben, das perfekte Ziel erreichen zu können. Aber trotzdem in eine Richtung geht, die dem eigenen Herzen, dem eigenen Bewusstsein, der eigenen Haltung gemäß ist. Erst als ich mit dem Begriff künstlerisch schon umgegangen bin, habe ich sehr viele »Trotzdems« erleben und leben müssen. Es kamen dann vermehrt Verluste auf mich zu und Lebenskonstellationen, bei denen ich diesen Begriff weidlich nützen musste fürs Weiterleben.

Der Begriff war vorher da, ohne Not?
Ich war immer ein Menschenwesen, das mit Not konfrontiert war. Das hat begonnen mit ersten Lebenseindrücken, die solche des Krieges waren. Das prägt ungeheuer. Ich bin 1939 geboren, in Wien. Die Möglichkeit der Katastrophe wurde mir damals bewusst.
Und meine zweite gefährdende Lebenshürde war eine massive Anorexie, eine Magersucht.

Meine Familie war in totaler Verzweiflung, und ich auch. Dann lebte ich zwei Ehen, von mir selbst gesucht – man ist ja da nicht unbeteiligt –, die waren auch mit viel Not verbunden. Die musste ich auch überleben, bei aller Belehrung und allen Bereicherungen, die mir ebenfalls dadurch erwachsen sind. Ich will das nicht nur negativ sehen. Aber es war hart, da durchzukommen. Na ja. »Trotzdem« ist für mich nicht nur ein Lebensmotto geworden, sondern auch ein Überlebenswort.

Diese Notwendigkeit, zu überleben, ist tatsächlich von Anfang an in Ihnen abgespeichert gewesen?
Ich wusste nicht, dass ich tatsächlich vom Leben so sehr aufgerufen sein würde, zu überleben. Wobei sicher das Härteste und Unfassbarste der Tod meiner Tochter war. Aber es gab meinen Enkelsohn Ignaz. Da musste ich mein ganzes Trotzdem aufwenden. Ich musste überleben, ich musste weiter leben. Plötzlich musste ich zur Oma-Rolle noch einmal alle mütterlichen Pflichten übernehmen. Freunde haben mir geholfen. Ich hatte großes Glück mit einer Studentin, die ein bisschen älter war als Ignaz, die mit ihm das Alltagsleben geschafft hat. Sie war ihm nicht Mutterersatz, sondern eher eine chaotische, vergnügte Schwester. Ich konnte ja nicht voll in ein Mutterdasein einsteigen, ich musste auch meinen Beruf weiter ausüben.

Ich konnte diesen Verlust sicher auch bewältigen, weil ich ihn in mein Weitertun einflechten konnte. Ich habe mein Buch »Verzeihen Sie, ist das hier schon die Endstation?« vor Annas Tod begonnen. Es waren die Schienen ausgelegt, es nach ihrem Tod zu Ende zu schreiben und dabei auch ihren Tod zu durchwandern. Ich habe am Tag ihres Todes gerade eine CD aufgenommen und wurde unterbrochen bei dem Lied »Die unerfüllbaren Wünsche«. Das Lied beginnt: »I mechert was habn, was mir für ewig ghört«. Genau bei diesem Lied wurde ich im Studio unterbrochen und habe erfahren, dass Anna tot ist. Wir haben dann nach zwei, drei Wochen diese Produktion zu Ende geführt, haben zwei Lieder hinzugefügt. Alle Musiker und alle Freunde kamen ins Studio und haben mit mir gesungen. Diese Transformation in eine künstlerische Form war mir da sicherlich auch hilfreich.

In welcher Verfassung ist man zwei Wochen nach dem Tod seines Kindes?

Ich weiß es nicht. Das Leben an und für sich, das Alltagsleben, sagt halt: »Jetzt putz dir die Zähne, jetzt iss was, jetzt stehst du wieder auf, jetzt nimmst du doch wohl auch ein Bad.« Mit diesen Alltagsbefehlen stolpert man irgendwie weiter. Und plötzlich kommt ein Tag – und man hört sich wieder lachen, und man merkt, es schmeckt einem wieder etwas. Aber ich habe eine lange Zeit, ich nenne es, wie hinter Glas gelebt. Ich war auf eine schreckliche Weise gesund, mir hat nichts wehgetan. Jetzt bin ich wieder ängstlich bei Flügen. Damals saß ich im Flugzeug, das hat schaukeln können und herumwirbeln und es war mir egal. Ich war ein bisschen gefühllos, ein bisschen leblos. Aber ich habe trotzdem dieses Buch und diese CD zu Ende gemacht, konnte einen Film konzipieren und drehen. Ich war unendlich belastbar, weil ich nicht ganz da war. Dann, so im Lauf der Zeit und der Jahre, kam alles wieder zurück. Mein Kreuz tut mir weh, ich habe wieder Ängste. Plötzlich schleicht sich das Erdenleben wieder ein. Aber trotzdem gibt es eine Relativierung, die einen nie wieder verlässt. Über gewisse Sachen regt man sich nicht mehr auf. Und eine gewisse Trauer lege ich auch nicht ab und will sie auch gar nicht ablegen. Mit ihr lebe ich, trotzdem. Trotzdem kann ich mich freuen, kann lachen, kann vor allem auch bei meinen Auftritten bei aller Ernsthaftigkeit, die ich immer wieder einfließen lasse, die Leute zum Lachen bringen.

Haben Sie das Gefühl, dass Ihre Tochter Ihnen noch nahe ist?
Ich kann nicht sagen, was viele tun, sie ist eh da und sie sieht eh alles. Aber sie ist hier – in mir. Ich trage sie in mir. Ich rede mit ihr, aber hier. Ich suche sie nicht im Universum und auf einer Wolke. Ich proste ihr zu oder stoße auf sie an, wenn ich mit Freunden bin. Ich schreibe jeden Tag ihren Namen in meinem Tagebuch. In meinem Tagebuch rede ich auch mit ihr. Sie lebt, so lange ich sie vor mir habe, in mir habe, mit ihr umgehe, mich an sie erinnere. Es gibt eines meiner Wiener Lieder, das lautet:»Schau ma halt amal, dann werd' ma's schon sehn«, ungefähr so empfinde ich dabei. Entweder ich sehe etwas nachher oder nichts. Und nichts ist ja auch nicht so schlecht.

Springt das Überleben bei Ihnen automatisch an oder braucht der Wunsch zu überleben, trotzdem weiter zu gehen, einen Anstoß von außen?
Ich glaube, das Weiterleben, das Leben ist sehr stark. Die Variante, dass man sich tötet, hätte es ja gegeben. Hand an sich zu legen, und sich auch davonzumachen. Das habe ich aber nicht getan.

Dazu habe ich mich entschlossen. Also habe ich mich dem Leben wieder überantwortet. Das hat mit sich gebracht, dass ich geschrieben und gesungen habe. Dieses Weggeben von Energien bringt immer wieder auch einen Schwall Energie zurück.

Es gibt eine sehr schöne Komposition von Klaus Trabitsch, ein Lied, das wir fast an jedem Abend bringen, wenn wir musizieren, und das heißt »Wana«, auf hochdeutsch »Weinen«.

Das Weinen ist eine große Kraft. Instinktiv habe ich mich auch nicht auf Ablenkung eingelassen. Denn man erhält natürlich Ratschläge wie »Mach eine Reise!« oder »Willst du eigentlich in dem Haus bleiben?« oder »Verändere dich«. Mir war von Anfang an klar, dass ich das nicht mache, sondern dass ich da durchgehe. Hinunter, hinunter, hinunter. Da ist mir auch eine Lebensparabel in den Sinn gekommen. Ich war als junges Mädchen mit Buben in der Donau bei Korneuburg schwimmen. Dort gab es Strudel. Die Buben sind hingeschwommen, hinuntergezogen worden, und dann fröhlich weiter. Ich aber habe mich gefürchtet. Sie haben mir erklärt:»Schau, Erika, da schwimmst hin, dann siehst du den Strudel. Du hältst dir die Nase zu, dann zieht er dich hinunter. Dann ist aber wichtig, dass du nicht strampelst, sondern dass du wartest. Du spürst unten den Grund, die Steine, dann gibst du dir einen Schupf und kommst wieder nach oben.« Ich habe das dann auch getan und so meine Angst bezwungen. Das habe ich mir sehr gut gemerkt, dass man den Grund berühren muss, wenn man wieder auftauchen will.

Wie merkt man, dass man am Grund ist?
Wenn es nicht mehr tiefer geht.

Das ist dann auch verbunden mit einem Schmerz und einer Trauer und einer Lebensdunkelheit ohnegleichen. Aber man merkt es wirklich, wenn man so tief ist, dass es nicht mehr tiefer geht. Wenn man diese Verfassung zulässt oder erträgt, dann kommt ein nächster Tag, und es ist ein bisschen heller. Ich habe dann einfach gespürt, es geht wieder rauf. Ich konnte mich sogar wieder ein bisschen verlieben und wurde wieder mehr zur Frau. Ich war schon ein bisschen tot. Aber die kreative Kraft war nicht tot. Dann ist die kreative Kraft wieder erwacht, und auch die Kraft der menschlichen Sinnenfreude hat mich wieder belebt.

Das hört sich nach einem großen Vertrauen an, auf diesem Boden überhaupt stehen zu können.
Ich vertraue dem Leben. Wenn man mich fragt, woran ich glaube, sage ich:»Ich glaube an das Leben.« Der Sinn des Lebens reduziert sich für mich letztlich auf das Leben selbst. Wenn ich das beschreiben soll, beschreibe ich es mit Naturbildern. Obwohl ja nichts quälender ist als die Art und Weise, wie wir die Natur zerstören, bändigen, knebeln und vergewaltigen. Deswegen habe ich einen Garten, der darf wuchern wie ein Wald. Ein bisschen sind es diese Elemente, woran ich mich wirklich erbauen kann, Bilder der Natur.

Sie haben gesagt, Ihre Tochter war sehr vieles für Sie.
Sie war meine Gefährtin und Freundin und Beraterin und meine Lebensbegleiterin. Sie war im Laufe der Jahre fast mehr meine Mutter für mich, als ich Mutter war für sie.

Weil sie Sie bemuttert hat?

Nein. Sie war eine unglaublich ehrliche und konsequente und wissende Person, die Anna. Wenn die gesagt hat, das war blöd, dann habe ich mir das noch einmal angeschaut, und sie hat recht gehabt, es war blöd. Sie hat immer gesagt: »Wie du schiach warst in der Zeit, wie du schön warst.«

Das ist ein netter Satz.

Sie war wirklich ein Regulativ.

Bleibt sie als inneres Regulativ bestehen?

Ich versuche schon, ihr immer alles darzulegen, stelle ihr auch Fragen. Aber das sind natürlich immer sehr entscheidende Fragen an mich selbst und an meine innere Balance. Alle Fragen muss man erst einmal für sich selbst ausbalancieren, ehe man zu einer Festigkeit gelangt.

Jeder Tod, den Sie erlebt haben, hat bewirkt, dass das Leben danach anders war.

Ja, es wurde anders. Ich kann den Gedanken oft nicht leiden, aber im Wort Verlust steckt ja auch die Lust. Das darf man nicht vergessen. Die Verluste bereichern auch. Aber das ist ein Gedanke, den denke ich nur ganz kurz, denn sofort denke ich dann, verdammt, ich könnte auf diese Form der Bereicherung aber verzichten.

Was bedeutet Ihnen derzeit viel?

Zum Beispiel solche Tage, wie ich sie jetzt habe. Wenn man mir erlaubt, einfach zu Hause zu sein, mit einem Wienerwald-Spaziergang und ein bisschen Schreiberei, das ist für mich das Schönste. Ich mag nicht reisen, und wenn ich reise, fahre ich dorthin, wo ich es schon kenne. Ich habe kein Fernweh, ich habe ein Bleibeweh.

Wenn ich weiß, ich kann ruhig sein, es geht denen, die ich liebe, gut, es treibt mich nichts, ich kann müßig sein, ich kann etwas tun, ich kann auch einmal ziellos sein, in den Garten gehen, mich hinsetzen, etwas erfinden. Wenn ich nur gelassen sein darf, dann geht es mir gut.

Vielleicht löst die Gelassenheit das Trotzdem ab?
Ja. Das Trotzdem ist ein eher kämpferischer Begriff. Die Gelassenheit braucht kein Trotzdem. Aber man braucht viel Trotzdem, um gelassen zu werden.

Rede anlässlich einer Veranstaltung der SPÖ in Linz
»100 Jahre Frauenwahlrecht«
28. Januar 2018

Frau-Sein heute

Ich begrüße Sie alle herzlich – und begrüße auch die Einladung, bei der heutigen Neujahrsmatinee der SPÖ-Frauen Oberösterreichs wegen des anstehenden Themas »100 Jahre Frauenwahlrecht« – und davon ausgehend zum Thema »Frau« – jetzt das Wort ergreifen zu können.

Als ich 1939 zur Welt kam, war es also erst etwa zwei Jahrzehnte lang möglich, dass Frauen wählen durften. Trotzdem stürzte man in das Dritte Reich, trotzdem konnte der Nationalsozialismus bejaht und bejubelt Fuß fassen und zu der menschlichen Katastrophe des 20. Jahrhunderts werden. Frauen können also auch verführbar, politisch ahnungslos und auch dem Faschistoiden aufgeschlossen sein, wenn es darauf ankommt.

Ich habe ein langes Frauenleben lang um das Frau-Sein gekämpft. Vorerst im Hinblick auf meine eigene Selbstständigkeit, mein eigenes weibliches Verhalten, meine persönlichen Bedürfnisse, mein Abwerfen der mir von der Gesellschaft oktroyierten Schranken.

Es entstanden damals, als ich langsam damit aufhören konnte, nur Interpretin zu sein, sondern selbst zu schreiben begann, auch meine eigenen Liedtexte.

161

Später formierte sich die sogenannte »Frauenbewegung«, parallel zur damaligen »Friedensbewegung«, es wurden bewegte Zeiten. Aber ich betone immer wieder, dass Bewegungen sehr schnell erstarren, sich zu Hierarchien und Machtpotenzialen hin entwickeln können. In meinem 2013 erschienenen autobiografischen Roman »Die öffentliche Frau« schrieb ich:

»Sei es die portugiesische Nelkenrevolution gewesen, die Friedensbewegung, die Frauenbewegung – ich wurde letztlich bei allem in ähnlicher Weise belehrt: Menschen können bewegt werden, bewegt sein, sich zu einer Bewegung zusammenschließen. Sobald diese Bewegung sich jedoch festigt, Struktur gewinnt, erstarrt, Machtblöcke entstehen lässt, sollte man aufpassen. Ähnlich der Vereinigung zweier Menschen, die zum Verein Ehe wird. Aufpassen! Ich habe irgendwann beschlossen, möglichst immer wieder zuzulassen, dass etwas mich bewege, selbst bewegt zu sein, in Bewegung zu bleiben. Mich als Frau selbst genügend zu achten, und in meinem öffentlichen Tun verantwortungsvoll das zu vertreten, was ich mir für die Welt wünsche. ›Be the change you want to see‹, sagte Mahatma Gandhi, für mich einer der weisesten Sätze auf Erden.«

Ja, für diese Selbstständigkeit habe ich plädiert, und plädiere ich immer noch, und immer wieder. Sich seiner Haltung und Möglichkeiten als Frau bewusst zu sein, wenn im eigenen Leben die Unterdrückung, das Elend fehlt. Denn auf dem Großteil der Erde leben Frauen nicht besser als Tiere, sind sie entrechtet, geschunden, stetig von Gewalt bedroht, es müssen Frauen nach wie vor Zwangsheirat und Klitoris-Beschneidung erfahren. Sobald uns hierzulande dieser »Tag der Frau« überkommt – für mich ein stetiges Ärgernis, ähnlich dem »Muttertag« – entweder man ist immer und auf selbstverständliche Weise als Frau oder Mutter geachtet – oder man kann auch auf diesen einen Tag Ehrung pfeifen. Also, wenn es dann trotzdem an diesem einen Tag zu diesen Fragen über Frauenrecht und Frausein kommt, bitte ich stets darum, sich als Frau vorerst der Freiheiten in unserer Zivilisation bewusst zu werden, ehe man die Situation der Frauen hierzulande beklagt. Ja, manchmal kann ich den Eindruck nicht verhindern, dass es zu viel Anklage gibt und zu wenig Eigenverantwortlichkeit. Dass Frauen schnell geneigt sind, die Schuld, sich »nicht verwirklichen« zu können, dem Ehemann, der Ehe, den Kindern, den Umständen ihres Aufgewachsenseins – was und wem auch immer – zuzuweisen, statt vielleicht die eigene Trägheit, Feigheit, Bequemlichkeit zu hinterfragen.

Es ist äußerst unbequem, eine selbstständige Frau zu sein. Eine, die sich selbst ernährt, oft sich und ein Kind, oder sich und eine Familie erhält. Eine, die politisch Stellung bezieht, auch wirklich von dem ehemals schwer errungenen Wahlrecht Gebrauch macht, und dann nicht wählt, was der Mann ihr vorschreibt. Eine, die nicht »Me too« sagen muss, sondern »Not me« sagen kann, weil sie sich eine Karriere nicht durch Duldung eines Missbrauchs errungen oder erhalten hat, sondern sich sofort, unerbittlich und mit Hinnahme aller Konsequenzen dagegen verwehrte. Ich spreche natürlich in diesem Fall von der vielzitierten »sexuellen Belästigung«, dem »sexuellen Missbrauch« auf hohem Niveau.

Von einem Thema, das medial leider zu einem Hype aufgeblasen wurde – und was die Medien brauchen können, ver-braucht sich in Windeseile. Es gibt aber Gewalt und Vergewaltigung in der Ehe. Es gibt Frauen, die keine Wahl haben, für die das heute gefeierte Wahlrecht in keiner Weise gilt. Deren Leben ihnen jede Wahl verbietet. Hier sollte die Empörung weltweit sichtbarer werden, mindestens so sichtbar wie bei belästigten Filmstars. Die Frauenhäuser sind überfüllt! Frauen, die vor dem Geschlagen-, Misshandelt-, gar Getötetwerden mit ihren Kindern dort Zuflucht suchen, sind Legion, ich weiß das aus berufenem Munde. Und was Kriege und Flucht mit Frauen anstellen, müsste unsere Gesellschaft viel dringlicher wahrnehmen als all die politisch geschürten Ängste innerhalb der zur Zeit leider von unseren Regierenden propagierten Ausländerfeindlichkeit.

Anzuprangern sein sollte natürlich auch der Umstand, dass Frauen für gleiche Arbeit meist nicht gleichen Lohn erhalten. An diesem Modell wird ja bei uns allmählich ein wenig herumgebastelt – aber kaum einer erinnert sich noch an den tapferen Kampf unserer ehemaligen Frauenministerin Johanna Dohnal, eine Frau und Politikerin, an die mit Wehmut zurückzudenken wir in unseren Tagen überhaupt und in jeder Hinsicht aufgerufen sind.

Eine Podiumsdiskussion im Jahre 2008 – Thema »Weiblich, Wertvoll, Womanlife« –, zu der ich gebeten wurde, ließ mich damals einen Text verfassen, den ich Ihnen heute nicht vorenthalten möchte: »Wenn Frau-Sein weder als Besonderheit oder Privileg, noch als Anlass zur Geringschätzung gewertet würde, sondern schlicht als Selbstverständlichkeit – wenn letztlich eine Veranstaltung wie die heutige nicht mehr nottäte – dann hätten wir zumindest hier, in unserer westlichen Zivilisation, ein Ziel erreicht.

Für mich persönlich wurde es in den langen Jahren meines eigenen Frauenlebens immer schwieriger, die Situation der Frau zu beleuchten, ohne mir schmerzhaft bewusst zu sein, dass weltweit für Frauen lebenslange Höllen der Demütigung und Entwürdigung überwiegen. Wenn wir also über das ›wertvolle Weiblichsein‹ in unserer Gesellschaft befinden, kann ich mich nicht enthalten, sofort auf die vergleichsweise elitären Möglichkeiten für Frauen hierzulande hinzuweisen. Sicher nicht für alle Frauen. Sicher spielten Armut, Kinderreichtum, Unbildung auch hier für viele immer wieder eine betrübliche Rolle, sicher sind im familiären Bereich Abhängigkeit und Gewalt auch hier das tägliche Brot vieler – so wie es das ungezählter, ja der überwiegenden Zahl von Frauen auf Erden ist.

Gerade deshalb möchte ich zur Diskussion über erfolgreich errungene weibliche Positionen vorrangig mit einer Art Mahnung beitragen, auch wenn das vielleicht auf wenig Gegenliebe stoßen sollte. Ich möchte mahnend dazu aufrufen – Frauen dazu aufrufen! –, weder im Selbstlob noch im Selbstmitleid hängen zu bleiben, nicht jammernd in Männerdomänen um Aufmerksamkeit zu heischen, nicht verzweifelt die besseren Männer werden zu wollen, sondern mit Ruhe, Bestimmtheit und sachlicher Einschätzung der eigenen Fähigkeiten die Chancen, die Möglichkeiten, die es für Frauen in diesem Lande gibt, zu nutzen. Sich weder aus Unsicherheit und aus Gründen des vertrackten Geliebtwerdenwollens zum Weibchen zu stilisieren, noch zu glauben, knallhart und möglichst unweiblich das errungene Revier verteidigen zu müssen.

Ich mahne nicht überheblich und von einer Kanzel herab, musste ich mich doch selbst durch Niederungen des Frauseins hindurchschlagen, mich zur Wehr setzen und kämpfen, um menschenwürdig zu leben und das von mir gewollte Meine tun zu können.

Ich weiß, wie schwer es ist,»wertvoll weiblich« werden zu dürfen.

Mein Vorschlag: vorerst schlicht beim Frau-Sein bleiben und es kraftvoll bejahen.«

Ja. 2008 entstand dieser Text. In der Zwischenzeit aber hat uns die digitale Revolution mit Macht und allgegenwärtig überfallen, sie stülpt unsere Gesellschaft, das politische Geschehen, die individuelle Existenz zur Gänze um, wir müssen das wahrhaben, ob wir wollen oder nicht. Ehemals gab es geistigen Müll und hasserfülltes Kloakenwesen im Geplärre am Wirtshaustisch, bei Familien-Festen, im engeren Bereich. Jetzt ergießt sich dieser ungefilterte, dunkelbraune Brei über die ganze Welt. Jeder kann über Facebook, Twitter, Instagram sich sein frustriertes, bösartiges, neidvolles, angsterfülltes Leben von der Seele»posten«.

In dieser Weise werden heutzutage zeitbezogene und politische Äußerungen und Geschehnisse noch grausamer und unbedachter thematisiert.

In dieser Weise verbildet man aber auch junge Frauen in unserer – nach wie vor – Wohlstandsgesellschaft. Welche weibliche Vorbild-Funktionen lässt man sie erfahren?

Models. Vor allem Models.

Promis. Vor allem Promis.

Die sich nur an Meeresstränden rekeln und möglichst Prinzen heiraten. Die auf allen roten Teppichen immer die teuren Kleider teurer Modeschöpfer tragen. Und bald – oh wie süß – ein Bäuchlein haben – da kommt wohl was! Wird da etwa geheiratet? Jaaa! Es wird geheiratet wie wild, es gibt Hochzeits-Messen, Firmen, die Hochzeiten gestalten, mittlerweile eine Art Heirats-Industrie.

Dann gibt es die unzähligen Frauen, die nicht wirklich alt werden, nur gruselig ver-operiert so tun, als wären sie von Dauer.

Es gibt den medialen Befehl, wie Frauen auszusehen haben. Bei den Populisten, rechts außen, oder bei Volksmusik-Schändungen steckt man die Frauen klarerweise ins Dirndl – beim Opernball springen einem ebenfalls zu tiefe und bereits mürbe Dekolletés ins Auge – die Modeschöpfer entwerfen für Magersüchtige, die Dicken tragen es dann – – – Aber Schluss jetzt.

Bitte nicht böse sein, dass ich in dieser Weise ausgeholt habe.

Aber!

Spreche ich doch über das Frau-Sein – und bin sehr oft überaus betrübt, was man in meiner Jugend für Frauen erkämpfen wollte und auch erkämpft hat – und wie es sich wieder verwässert und verliert.

Es ist wie bei den 100 Jahren Frauenwahlrecht!

Ständig und allseits hört man vor Wahlen – eben auch von Frauen: »Ach was – ich geh gar nimmer zur Wahl!«

Wie wurde um dieses Wahlrecht gekämpft! Es gaben Menschen dafür ihr Leben hin! Und was gäbe man anderswo auf Erden darum, frei wählen zu dürfen!

Aber hierzulande gähnt man, ist man zu faul – schönes Wetter, ach was – und lässt Kräfte gewinnen, die es nutzen und uns dem Faschismus wieder näher bringen. Was wir für das Zukünftige brauchen, sind Menschen – sind Frauen – mit Haltung und Vernunft. Keine Fähnchen im Wind, sondern unkorrumpierbare Kämpfer und Kämpferinnen im Sinne von Mahatma Gandhi. Gewaltlosigkeit heißt nicht Kampflosigkeit! Die Zeiten sind hart. Bergen Gefährdungen. Schüren natürlich Ängste.

Heute, hier, in einem Bereich sozialdemokratischer Ausrichtung, kann ich nur meine tiefe Hoffnung formulieren, man möge unserer eindeutig rechtspopulistischen Regierung nicht mit Schelte und Keiferei begegnen – das schwächt nur selbst –, sondern, indem man die eigenen Inhalte und Ziele wieder auf das Genaueste überprüft, erneuert, wachsen lässt – bis sie so unbedingt und überzeugend auf Menschen wirken, dass sie auch wieder im besten Sinn siegreich werden können.

Manipulation und Kalkül beeinflussen Bürger nur begrenzt auf lange Zeit, davon bin ich überzeugt. Der Mensch will Authentisches. Die Rechtspopulisten sind das, sie sind so authentisch fürchterlich, wie sie sich äußern. Sie stimmen!

Deshalb muss die Sozialdemokratie in Österreich eben auch wieder inhaltlich geklärt werden und stimmen! Dann wird sie auch beim Wahlvorgang wieder vermehrt Wählerinnen und Wähler gewinnen können.

Und mit diesem Wunsch, mit dieser Hoffnung, nicht nur an Frauen, sondern an alle denkenden Menschen hierzulande gerichtet, schließe ich jetzt. Danke.

Würde

Wir – ich möchte sagen wir weltweit – haben einen neuen Machthaber, einen neuen Diktator gewonnen, und die meisten von uns sind sich dessen nicht wirklich bewusst. Wir schimpfen wie die Rohrspatzen über politisches Fehlverhalten, über die Taten einzelner Politiker, je nachdem, wie sehr deren Aussagen uns persönlich missfallen. Wir beklagen Missstände auf Erden, soweit sie uns überhaupt auffallen.

Aber die Manipulation, das Uns-Beherrschen durch Medien und Kommerz, und jetzt, mehr denn je zuvor, durch die Digitalisierung unseres gesamten Lebensbereiches, geht weitgehend an unserer Empörung vorbei. Einigen wenigen ist es zwar quälend bewusst, aber das Gros der Menschen ist dabei Knetmasse. Da wird geglaubt, was in der Zeitung steht und was Facebook uns erklärt, da wird gekauft, was man angeblich besitzen muss, da wird bewundert, was törichter, menschenverachtender Unsinn ist, da wird getrauert, weil irgendwelche Promis sterben, statt Tod und Leid in nächster Nähe, in Familie und Nachbarschaft zu betrauern.

Die Sucht, sich in Massenhysterien aufzulösen, gern unreflektiert Teilchen eines beherrschenden Ganzen zu sein, statt individuell, als Einzelwesen, Verantwortung zu übernehmen, ist den meisten

Menschen gemeinsam. Und genau deshalb kommt es fast nie zu wahrhafter Gemeinsamkeit. Wenn man als Masse reagiert, wird man geschoben. Kann man nicht aufeinander zugehen. Alle hinter ihren Smartphones versteckt, an Kontakten, Fotos und Apps herumwischend – und letztlich ohne menschliche Kommunikation. Nur der eigenständig Einzelne kann den anderen wahrnehmen und sich ihm zu nähern versuchen. Kann überhaupt wahr-nehmen, und sich der Manipulation dadurch weitgehend entziehen. Gerät auf diese Weise jedoch in eine Ver-Einzelung, in eine Eigen-Verantwortlichkeit, die angstvoll nicht zu bewältigen ist. Die eine Unerschrockenheit verlangt, die nur wenigen möglich ist, zu der nur wenige bereit sind. Wir wollen geschützt sein, nicht kämpfen. Die Kämpfe sollen andere übernehmen, irgendwelche andere Einzelkämpfer, oder irgendwelche Autoritäten, denen wir blind glauben können.

Die Macht, in welcher Form immer sie sich des Menschen nun bemächtigen will, weiß von allen Ängsten, jedweder Furcht, und weiß das zu nutzen. Ja – »nur weil die Angst so sehr gefügig macht«, heißt es in einem meiner Lieder.

Und nahtlos komme ich so gesehen zu Rassismus und Fremdenfeindlichkeit. Wenn nun die Masse, dieses unreflektierte Wir, das mit Gemeinsam-Sein nichts zu tun hat, von Andersartigem aufgestört wird, wenn es dazu noch ökonomische Nöte gibt, die Zeiten schlechter werden, wie man so schön sagt – dann verunsichert alles Fremde und wird zur Bedrohung. Macht Angst.

In unserer Zeit erleben wir eine neue Völkerwanderung. Sie ist nicht aufzuhalten. Es sind weltweite wirtschaftliche und ökologische Voraussetzungen, die Menschen dazu zwingen, das eigene Land, das eigene kulturelle Umfeld zu verlassen, und in die Fremde zu gehen. Dieser Umstand, verbunden mit religiöser Machthaberei, den Welteroberungsgedanken religiöser Fanatismen, den Kriegen, die immer wieder im Namen einer Religion geführt werden, jetzt mehr denn je, all das lässt Hass gedeihen. Den Hass auf alles, was anders ist. Anders aussieht, anders spricht, anders betet, sich anders kleidet und verhält. Und da sind es die Rechtspopulisten, die diesen Hass schüren und ihn sich politisch zunutze machen, wir erlebten und erleben es derzeit auf das Unappetitlichste.

Als Kind, in den Zweiten Weltkrieg hineingeboren, dachte ich nach dessen Ende, als endlich Frieden herrschte, es würde nach dieser Schrecklichkeit sicher nie wieder irgendwo Krieg geben! Und musste im Heranwachsen erfahren, dass es die Welt ohne Krieg nicht gibt. Auf unserem Erdball gibt es ständig kriegerische Auseinandersetzungen.

Deshalb, dachte ich mir bald, ist es wohl jedem geraten, friedfertig zu sein und keine zwischenmenschlichen Kriege zu führen. Ich wurde, vielleicht auch aus dieser kindlichen Erwägung heraus, ein äußerst harmoniesüchtiger Mensch und bin es letztlich bis heute geblieben. Nichts konnte oder kann mich so aus der Fassung bringen wie Streitereien, gegenseitiges Anbrüllen, haltloses Beschimpfen, Hasstiraden – all dies, was ich dann auf der Theaterbühne zu durchleben hatte, denn dort geht es doch fast nie ohne die sogenannten »Ausbrüche« ab, da wird in nahezu jedem Stück geschrien, gestritten und geheult. Ist Theater doch Spiegel alles Menschlichen, oder sollte es zumindest sein. Ich stürzte mich dort also jugendlich-willig in Aufwallungen, die ich in meinem privaten Leben zu vermeiden suchte. Verblüffend jedoch wurde für mich die Wahrnehmung, dass all dies, wie ich meinte »Theatralische«, bei so vielen »normalen« Erdenbürgern an der Tagesordnung zu sein schien. Privat und beruflich, immer wieder. Streiten und Hassen, wohin mein Blick sich wandte.

Ja, und im Laufe meines eigenen Lebens konnte ich ebenfalls nicht ständig frei davon bleiben. Einige Privatkriege wurden auch mir aufgezwungen. Und ich musste erkennen, dass es den Kampf gibt. Den Kampf um das persönliche Bewahren von Eigenart und Selbstständigkeit, den Kampf gegen erkanntes Unrecht, anderen oder einem selbst angetan, den Kampf für Menschenwürde und gegen Menschenverachtung.

Jedoch kam ich auch zu dem Schluss, dass Kampf und Krieg nicht dasselbe sind. Mahatma Gandhi bestärkte mich darin – den ich nach wie vor als philosophisches und politisches Vorbild bewundere, obwohl er in unseren Tagen aus der Mode gekommen zu sein scheint. Unser modernistischer, medienverrückter, digitalisierter Zeitgeist hat diesen geistvollen Menschen vergessen, wie könnte es anders sein. Er aber hat das Postulat der Gewaltlosigkeit nie mit dem Aufgeben des Kampfgeistes gleichgesetzt. Kampf-Geist, ein gutes Wort. Nicht Gewalt und Krieg, um sich zur Wehr zu setzen, sondern die Kraft des menschlichen Geistes. Will heißen, die Kraft von Furchtlosigkeit, Haltung, Unbestechlichkeit und unbeugsamem Willen.

All dies bedarf unserer härtesten Anstrengung. Hat nichts mit Anpassung und feiger Toleranz zu tun, mit dieser Toleranz, die nur nicht »Nein«

sagen und dadurch anecken möchte. Gewaltlos zu
kämpfen, trotzdem zu kämpfen, braucht vor allem
allen Mut.

Aber gerade im Hinblick auf die nicht nur hierzulande anwachsende, aber eben hierzulande mich
direkt betreffende rechtsradikale Tendenz, der
mehr und mehr Menschen anheimfallen – da weiß
ich oft nicht mehr, was ratsam wäre, dagegenzuset-
zen. Da kann ich in eine Ratlosigkeit geraten, die
mir die Welt verdunkelt. Ich fühle mich dann wie
einer, der in dichtem Nebel herumtappt, obwohl
er genau weiß, wo das Hindernis sich aufbaut, das
überwunden werden müsste.
Wer wählt diesen Mann?, diesen Menschen?,
dachte ich immer wieder einmal konsterniert.
Wem fällt nicht auf, wie schmutzig, wie niederträch-
tig, wie aufhetzend da agiert wird? Wie kann ein
Mensch ohne Ekel bleiben dabei?

Und indem ich mir diese Fragen nicht beantworten kann – und ich denke, dass solche Fragen stets
in Zeiten, die Unmenschlichkeit ausbrechen ließen,
von fassungslosen Beobachtern gestellt wurden
und nicht zu beantworten waren –, weiß ich auch
nicht, wie es mir möglich sein könnte, bei Menschen eine andere Haltung, ein anderes Bewusstsein zurückzurufen. Ihnen klarzumachen, welcher
Verführung, welchem Irrtum sie erliegen. Weiß ich
eben schlicht nicht, wie diese unreflektierte Woge
aus Unbildung, dumpfer Lebensangst und Hassbe-
reitschaft zu bekämpfen sei. Nur seine eigene Empörung herauszuschreien, bringt gar nichts.

Also greife ich immer wieder zum einzigen Mittel, das mir zur Verfügung steht: zum mit Bedacht
gewählten Wort. Immer wieder. Im Wissen sogar,
von denen, die ich »gewinnen« möchte, nicht ver-

standen zu werden. Desungeachtet möchte ich, wo ich kann, Menschenwürde und Lebensqualität unermüdlich behaupten und wachrufen.

Schon in der Schule haben mich im Physikunterricht die sogenannten »kommunizierenden Gefäße« tief beeindruckt. Das Phänomen, dass bei verschiedenartiger Form, verschiedenartigem Aussehen, die in der Tiefe alles verbindende Flüssigkeit in jedem Gefäß die nämliche Höhe erreicht.

Für mich ist das zu einer Parabel geworden. Das Menschliche schlechthin – und ich glaube, wir alle wissen, was damit gemeint ist, auch wenn ich diesem Begriff nichts an Erklärung hinzusetze – verbindet im Tiefsten und steigt in gleicher Weise hoch. Ohne Ansehen der Form und Ausgestaltung individuellen Lebens.

Nun leben wir aber unter dem Diktat der Zeit und diverser Bemächtigungen. Schon immer war dies das Los des Menschen. Schon immer gab es eine der Menschlichkeit zuwiderhandelnde Kraft auf Erden. Ob wir die jetzt als den guten alten Teufel bezeichnen oder zu den beherrschenden Faktoren Machtstreben und Profit gelangen – zu allen Zeiten gab es sie, und stets gingen sie mit dem Erblinden für menschliche Belange Hand in Hand. Zu allen Zeiten gab es Gewaltausübung und Vernichtung einfachen Menschseins. Mehr noch: Geschöpfseins. Zu allen Zeiten versuchte »der Herr der Welt« – nennen wir's schlicht so –, den Menschen auszugrenzen. Den machtlosen, kindlichen, funktionsuntüchtigen Menschen auszugrenzen.

Wir leben derzeit nur noch leistungs- und erfolgsorientiert. Immer mehr Menschen bleiben auf der Strecke. Alles wird Wettlauf, es geht nur mehr ums Gewinnenmüssen. Deshalb werden die

Verlierer Legion. Überall nimmt Armut zu. Arbeitslosigkeit wird weltweit zur Norm. Mafia, wohin das Auge reicht, auch – und vor allem – im scheinbar legalen Bereich.

Also Bedürfnisse der Ausbeuter – wobei die Ausgebeuteten meist kaum noch wissen, was ihnen geschieht. Von den Medien wurde diese Struktur einer materialistisch-leistungsorientierten Gesellschaft derart in alle Köpfe hineinmanipuliert, dass jeder, der aufgeben und zurückbleiben muss, sich nur noch schämen kann. Als einer, der den rasanten Lauf zum Platz in der Sonne nicht mehr schafft. Als Nicht-mehr-Mensch.

Wobei jedoch die Frage offenbleibt, wer da nun in Wahrheit versagt. Ob diese in unseren Tagen uns beherrschenden Begriffe wie: Effizienz, Mobilität, Wirtschaftlichkeit, Aktivität, Kreativität, Spitzenleistung, Internationalität, Marktbestimmtheit, Karriere, Erfolgsbilanz, Quote, Verkaufszahl, Medienpräsenz – wenn wir im Berufsleben »Strategien« einem ehrlichen Handeln vorziehen – wenn wir unaufhörlich »gewinnen« müssen, statt einfach das Unsere zu tun – wenn wir einem ominösen Erfolg oder »Sieg« unseren Charakter zum Opfer bringen – wenn wir glauben, andere Menschen »abschießen« zu müssen, um uns zu bestätigen – ob all das nicht fehlgesteuertem, wahnsinnigem Menschsein entspringt?

Für mich selbst habe ich diese Frage schon längst mit Ja beantwortet. Für mich selbst habe ich auch hinzugefügt: Dieses Ja darf nicht Zustimmung bedeuten, sondern sollte Grundlage einer bewussteren Haltung zur menschlichen Existenz werden. Und wie jede aufrichtige Haltung muss sie vor allem den persönlichen Bereich formen oder verändern, alles andere ist Show.

Gerade weil ich einen großen Teil meines Lebens als Schauspielerin verbracht habe, reagiere ich empfindlich auf Hergezeigtes, das den Bildern im Inneren nicht entspricht. Kann mich Kritik an Systemen oder Engagement fürs Gute, Wahre und Schöne zur Weißglut bringen, wenn ich solches im privaten, persönlichen Umfeld nicht bestätigt sehe. Der kleine Bereich von Ehe, Familie, Freundeskreis, Beruf, wie auch immer, ist Keimzelle jeder weltweiten Exaltation. Und exaltiert ist es geworden, vom Informationswust aufgebläht und verrückt vor Sensationsgier. Meine Vision gilt auf unabänderliche Weise der Menschenwürde. Gilt dem Anhaltendürfen. Dem Erfolglosseindürfen! Einem Hohelied der Muße und Bedürfnislosigkeit. Einer neuen Sicht im Hinblick auf unser Angesehensein. Einer neuen Beurteilung von Lebensqualität.

In meinem eigenen Umfeld, im Privaten, aber auch bei Konzerten und Lesungen, bei allem, was direkten Kontakt mit Menschen ermöglicht, versuche ich diese Lebenseinstellung wachzurufen. Ein Bewusstsein dafür zu wecken, dass wir Menschen ansehnlich sein können, auch wenn uns keiner ansieht – oder es uns keiner ansieht. Dass Berühmtsein oder in Talkshows veröffentlichte Pseudoschicksale mit Menschenleben so wenig zu tun haben wie ein Stofftier mit einem atmenden Geschöpf. Dass »In«-Sein das Blödeste ist, wozu Menschen sich je überreden ließen. Weil sie sich dabei in einer Äußerlichkeit geborgen fühlen, statt in sich selbst Halt zu finden.

Nun weiß ich sehr wohl, wie schwer Letzteres ist. In sich selbst Halt zu finden. Noch dazu, wenn die eigene Existenz durch Erfolglosigkeit, vergebliche Jobsuche, Kündigung, alle Formen der Selbstentwertung bedroht ist. Wie dabei Selbstbewusstsein bewahren oder erhalten?

Es geht nur mit einer anderen Einstellung zum Menschsein. Nicht Erfolg oder »Du hast es geschafft!« – häufigster Satz in allen Fernseh-Serien und Seifenopern – macht Menschenwürde aus. Ein bewusstes, ruhevolles, liebevolles Da-Sein – intensives Wahrnehmen der Gegenwart und ihrer Geschenke, die nichts mit einem Internetkatalog zu tun haben, weil ein schöner, wahrgenommener Herbsttag ohnehin alles andere in den Schatten stellt –, das Besinnen auf Vergehen und Tod und nicht nur deren Verdrängung –, all dies ist eines Menschen würdig und kostet nichts. Bedarf keines Prestigeautos, keiner Gesellschaftskolumne, keines dicken Bankkontos. Dafür würde genügen, »sein Auskommen« zu haben. Aber wie verpönt dieser Begriff geworden ist! Wird doch heutzutage propagiert, mit nichts mehr auszukommen, sondern immer wieder dringlich etwas haben zu wollen, weil man es angeblich haben muss. Wir ersticken in einer Fülle, die nichts mit der Fülle des Lebens zu tun hat.

Wir, hier, in unserer westlichen Zivilisation, während man auf dem Großteil der Erde hungert oder verhungert.

Zwischen diesen Extremen kann nur Verantwortlichkeit für das eigene Leben etwas wie eine Lösung sein. Der Versuch, sich von den Suggestionen profitären Wahns freizumachen. Immer wieder zu entdecken, dass es des Kaisers neue Kleider nicht gibt, dass er nackt ist. Dass wir unter unserer mühsamen Hülle von Ansehen, Prestige, Status ebenfalls nackt sind. Dass wir leben, um eines Tages zu sterben, und dass dieses Leben ein Geschenk ist, das es anzunehmen gilt. Nicht zu ver-leben. Dass wir selbst uns Leben schenken können, statt es zu ver-schleudern.

Große Worte, höre ich dazu sagen. Ja, große Worte! An kleinen Worten haben wir genug, die uns Lebensferne aufschwatzen, uns ständig berieseln und letztlich einer Gehirnwäsche unterziehen. Der sogenannte Puls der Zeit lässt uns die Gegenwart überhören – jetzt mehr denn je! Das Mitmischen im Brei des Zeitgeistes, die Erfüllung aller Trenderfordernisse, all dies, wovon ich schon sprach, entfernt uns vom Leben. Und wie schaut es denn bei ihr selbst aus?, höre ich jetzt fragen. Was tut sie denn anderes, als in einer Zeitschrift zu schreiben, sich mit Worten zu äußern, mit Büchern, CDs und Konzerten nach Käufer- oder Besucherzahlen zu schielen? Sie hat's leicht, über Lebensqualität zu faseln, weil es ihr höchstwahrscheinlich an nichts mangelt. Man kann gut über Menschenwürde befinden, wenn man selbst nicht im Dreck steckt oder erfolgreiche Abschlüsse braucht, um nicht gefeuert zu werden. Die Gute kriegt ihre Burgtheaterpension, sitzt in einem schönen Altwienerhaus, schreibt gemütlich vor sich hin, geht ab und zu singend oder lesend auf irgendwelche Bühnen, holt sich also weiterhin ein gerüttelt Maß an Selbstbestätigung und Beweihräucherung – und auch Kohle. Die kann leicht reden.

Ja, ich höre das alles sehr genau, weil ich mir das alles auch selber sage. Und es in mein Gefühl für Verantwortlichkeit mit hineinnehme. Gerade weil dieser Freiraum, er ist nicht so groß – aber er ist groß genug, mir die Möglichkeit gibt, in Ruhe nachzudenken – mir Überblick zu verschaffen, mich zu konzentrieren, stelle ich mir selber nach. Überprüfe ich meine tatsächlichen Tage. Versuche ich mir immer wieder auf die Schliche zu kommen. Übe ich sie, diese bereits erwähnte Haltung bewussteren Menschseins. Übe ich, mich in ihr aufrecht zu halten. Es ist eine tägliche Übung. Man hat nie ausgelernt. Und jedes Leben hat ausreichend Schmerz und Hürden auf Lager. Eine öffentliche, anerkannte, quasi erfolgreiche Position führt daran nicht vorbei. Daheim, allein, Aug in Aug mit seinem Bild im Badezimmerspiegel, da erst beweist sich Lebenskraft. Die Fähigkeit zur eigenen Lebensqualität. Inwieweit man unermüdlich weiterlieben, sich freuen oder ärgern kann. Oder ob man aufgibt und zu Stein wird.

Ich werde versuchen, einer solchen Versteinerung, in mir und um mich, mit meiner Existenz und mit meinen Worten entgegenzuwirken, so lange ich bei Kräften bin. Wohl wissend, wie hilflos man vor der Riesenmanipulation des Kommerzes und dessen verführerischen Leitbildern dasteht. Vor den ganz neuen Anforderungen unserer digitalen Welt. Vor dieser gewaltigen Maschinerie, die nur Lebensersatz anbietet und es »Highlife« nennt. Vor der Ausweglosigkeit des Sterbens nicht nur der Natur um uns, auch der in uns. Und wohl wissend, dass man einen Weg geht, auf dem einen nur wenige begleiten. Mit beschränkter Einflussnahme und ohne jede Handhabe, irgendetwas nach den eigenen, brennend klaren Vorstellungen realpolitisch, gesellschaftsimmanent und auf breiter Ebene je umzusetzen. Nur noch am Leben und lebendig. Und einer unterirdischen menschlichen Gemeinsamkeit, analog zur Parabel von den »kommunizierenden Gefäßen«, gegen alle Vernunft weiterhin trauend.

Gemeinsam Demokratie retten

Werte Anwesende,
ich habe mich zu dieser Gesprächs-Veranstaltung bereit erklärt, an der ich weit mehr mit tiefer Ratlosigkeit teilnehme, denn mit Rat und Tat.

Das Thema »Demokratie« überflutet uns ja in diesen Zeiten aus allen Ecken und Enden. So vieles, das mich persönlich als Willkür und Menschenferne erschauern lässt, wurde ja demokratisch gewählt.

Als Kriegskind konnte ich die Nachkriegszeit und das Erwachen neuen Lebens in Österreich mitverfolgen. Wie dieses Land Schritt für Schritt zu einer funktionierenden Demokratie und einem vorbildlichen Sozialstaat erstarkte. Bei aller Kritik, die man als wacher Staatsbürger ja rasch zur Hand hat – da gab es Zwentendorf – die Au – Waldheim – Schüssel und Co. –, Österreich wurde und war ein demokratisches Vorzeige-Land.

Die österreichische Sozialdemokratie hat lange Strecken meines Lebens als Selbstverständnis begleitet – und das, ohne dass ich je parteigebunden gewesen wäre. Immer gab es Dialog, immer gab es Widerstand gegen populistischen Unrat.

Die Zeiten haben sich geändert – um es lapidar und ziemlich verbraucht zu formulieren. Aber sie haben sich für mich überaus betrüblich geändert. Ich bin alt, und es wird nicht im Nu wieder anders werden.

Als meine öffentlich wahrzunehmende Gegnerschaft Jörg Haider betreffend mir anonyme Briefe einbrachte, mit dem Inhalt, dass meine Tochter zu Recht verstorben sei, als Strafe, weil ich gegen den »Jörgl« bin, da dachte ich nach erster Fassungslosigkeit, das sei eben ein Prozentsatz unvermeidbarer Faschisten im Land, die gäbe es eben immer. Aber nie hätte ich angenommen, dass dieser Prozentsatz sich so ungebremst steigern, dass der Faschismus bei uns wieder salonfähig werden könnte.

Was er jetzt ja tut.

Ich bleibe bei dem Begriff: Faschismus. Es geht nämlich über einen populistischen Rechtsruck hinaus. An den Stammtischen in Wirtshäusern wurde ja immer weiter in Form von Nazi-Parolen herumgeröhrt, das weiß man, das wissen wir. Jetzt aber röhrt das Internet – röhren die Postings –, kann Seelenmüll und Hass die digitale Öffentlichkeit vergiften, verpesten, verunstalten. Der Humus für Faschismus.

Dazu dieser nach wie vor so missbrauchte Faktor: Flüchtlinge und Migration. Was täten gerade hierzulande die Regierenden ohne dieses Thema? Sie zaubern die Schließung von Flüchtlingsrouten und den »Schutz der Außengrenzen« herbei, wo ohnehin bereits Normalisierung bis Stillstand eingetreten ist.

Die Regierenden! Nicht für mich. Ich lebe zurzeit in meinem Land im inneren Widerstand. Und ich weiß einfach nicht, wie wir gemeinsam die Demokratie retten könnten. Weil ich nicht weiß, welche Gemeinsamkeit wir finden könnten für so einen Rettungsversuch.

So überaus traurig zu beobachten ist auch jetzt wieder der im Menschen stets parate Opportunismus. Wer will sich's denn noch wirklich verderben? Aber nein – der Strache wird eh schon ganz zahm! Aber ja – der Kurz ist doch eh so beliebt! Schon beliebter als die Merkel!

Aber wir hier, heute bei diesem Gespräch, oder auch Menschen vor mir bei einem Konzert oder bei einer Lesung, ja, da herrscht Einigkeit darüber, was dabei ist, verlorenzugehen. Was unbedingt gerettet werden müsste. Aber wir sind kläglichste Minderheit.

Wie einem überzeugten Schreihals im Bierzelt, wenn der Kickl oder der Strache in Lederhosen faschistoides Gedankengut in Primitivform vom Pult herabbrüllen – wie so einem Menschen erklären, dass aus ihm nur diffuse Angst und sein Wunsch nach dem Aufgehobensein in einer warmen menschlichen Hass-Brühe so laut schreit und mitbrüllt?

Die Populisten und Faschisten sind stets authentisch, sind eins mit ihrer Hetze und Angstmacherei, es kommt direkt aus ihnen, aus Bauch und Hirn.

Was den Sozialdemokraten in diesen Zeiten so sehr fehlt, sind Politiker, die nicht um eine Form ringen, sondern Format haben. Ihres! Und die mit ruhiger, unerschütterlicher Überzeugung zu den Menschen reden können. Ohne Schelte, ohne Gift und Galle, ohne sich gekränkt oder beleidigt zu gebärden. Die nicht so sehr und ausschließlich kritisieren, was der Kritik bedarf, sondern das Gegenmodell sichtbar werden lassen. Erstrebenswert machen. Und das aus tiefster Überzeugung heraus, mit der gleichen authentischen Erfülltheit, wie sie sich bei dem äußert, der Fremdenhass, Rassismus, Fanatismus, Fundamentalismus in sich trägt.

Mitmenschlichkeit, Empathie, Vernunft, Furchtlosigkeit, das alles auszustrahlen – wer das könnte, wäre unsere Frau, unser Mann.

»Sei selbst so, wie du möchtest, dass es sei«, sagte Mahatma Gandhi.

Sicher, auch er wurde eines Tages umgebracht. Der Mensch tötet, was ihm Menschlichkeit brächte. Diese Morde gelingen auch immer, als sollte es so sein. Ich kann da nur mit meinem Trotzdem erwidern. Trotzdem zu erreichen versuchen, dass Freiheit, Friede, Freude sich gegen Krieg, Hass und Unterdrückung immer wieder einmal behaupten können. Immer wieder einmal.

Aber die von uns gemachte Welt wird so schnell nicht menschlicher werden. Weil der Mensch – als Gattung unter den Geschöpfen – leider das unmenschlichste Wesen auf Erden ist und bleibt.

Deshalb müssen wir auf die Sehnsucht derer bauen, die den Menschen und die Welt lieben möchten. Sich an beidem erfreuen möchten. In der Vielfältigkeit alle Schönheit auf Erden sehen. Es gibt sie. Ihnen muss man trauen, sie muss man stärken und bestätigen, wenn man die Demokratie retten möchte. Wir sind nicht alle gleich. Wir müssen nach Gleichgesinnten suchen, sie versammeln, ihnen Furcht nehmen.

Ich glaube, die Demokratie – und ein besseres mitmenschliches Modell wurde noch nicht gefunden – krankt jedoch genau an der Fehleinschätzung, dass wir Menschen alle gleich seien. Gleiche Lebensmöglichkeit, gleiche Menschenwürde soll allen beschieden sein, oh ja! Aber das Potenzial der menschlichen Menschen – also derer, die gerade im Wohlergehen frei sind von Angst, Gier und Hass – muss angeregt werden, sich zu entwickeln. Ohne Ideologien, ohne Religionen, im schlichten Hier und Jetzt sollte man Mensch sein dürfen.

Darin sähe ich die Aufgabe derer, die so eine gemeinsame freundliche Revolution anstreben. Ein Miteinander, ein Sich-Begegnenkönnen zu erschaffen. Ein Mensch-Sein im Hinblick auf unsere Endlichkeit und auf ein irdisches Leben mit einer Lebensqualität, die nicht aus Reichtum, Prominenz, Machtstatus besteht, sondern aus Schönheit.

Na gut. Meine großen Worte, ich weiß.

Rassismus

Das schlimmste Urteil ist das Vorurteil – das sagte schon Marie von Ebner-Eschenbach, eine noble Autorin des 19. Jahrhunderts.

Und die schlimmsten aller Vor-Urteile ergeben sich aus Rassismus und Fremdenfeindlichkeit.

Wer das Fremde fürchtet und hasst, der bleibt letztlich dieser Welt, auf der er lebt, sich selbst und seiner eigenen Menschlichkeit fremd. Der weiß letztlich nicht, was Mensch-Sein bedeutet. Was diese eigene begrenzte Anwesenheit auf Erden soll. Der lebt gewissermaßen un-menschlich.

Wie nur den Menschen heutzutage begreiflich machen, dass die nationalistischen Abschottungsversuche in einer Zeit der weltweiten Völkerwanderungen nur zu Menschenfeindlichkeit, zu Totalitarismus führen?

Die Welt ist nun einmal aus den Fugen, wir, als Menschheit, haben es bis dahin gebracht. Aus ökologischem und ökonomischem Elend, der Aussichtslosigkeit, in ihrem Land menschlich leben zu können, müssen Menschen ihre Heimat verlassen, wenn sie überleben wollen. Und nur ein Bruchteil derer, die flüchten müssen, kommen in unser Land! Das wird uns aber weisgemacht! Dass alle nur zu uns wollen! Eine Lüge!

Wenn hierzulande – und zum Teil auch europaweit – das Migrationsthema weiterhin die Politik beherrscht – man damit weiterhin die Ängste derer, die das Fremde als Bedrohung empfinden, hochschaukelt – dürfen, wir uns nicht wundern, wenn eine neue Form von Diktatur uns überrollt. Wir fühlen uns vom Fremden bedroht, und bedrohlich wächst der Polizeistaat, das faschistoide Klima. Es droht das Ende der Meinungsfreiheit, der offenen Gesellschaft, der Toleranz, der sozialen Geborgenheit – all dessen, was ich aus der ärmlichen und elenden Nachkriegszeit so erfreulich hochwachsen sah: Österreich ein Sozialstaat, eine Sozialdemokratie, die mich auf mein Land stolz sein ließ.

Lassen wir uns nicht verschaukeln. Es geht uns gut genug, um ein wenig zu teilen, ohne unsere Lebensqualität hierzulande einzubüßen. Und ohne uns unseres schönen und so verratenen Landes wegen nicht mehr schämen zu müssen.

Schönheit im Alter

Schönheit ist ein oft missbrauchtes Wort, für mich ebenso behutsam zu nutzen wie das Wort Glück.
Wenn nun im Alter Schönheit zu finden ist, dann sicher nicht auf die uns medial und konsumhörig aufgezwungene Weise.
Schön ist, wenn man im Alter gesund sein darf, sowohl körperlich als auch geistig.
Schön ist, wenn man im Alter Gelassenheit gefunden hat und sich am Gegenwärtigen erfreuen kann.
Schön ist vor allem, wenn man sein Alter bejahen kann und es nicht nur beklagt.
Und wenn man bereit ist, Abschiede zu akzeptieren. Auch den eigenen, der immer absehbarer wird.
Wenn man mit seinem erreichten Lebensalter übereinstimmt, ist Alter schön.
Schön ist immer das, was stimmt.

Dankesrede beim Erhalt der ROMY-Auszeichnung in Platin
für das Lebenswerk
13. April 2019

ROMY

Werte Anwesende, liebe Freunde,

ich möchte bei Erhalt dieser Auszeichnung heute – die mich überaus ehrt – nicht unterlassen, mich an die Namensgeberin der ROMY, – also an Romy Schneider, zu erinnern. Auch an eine frühe Begegnung, von der ich immer wieder einmal erzähle.

Als Gymnasiastin war ich mit meinen Eltern an einem Sommer-Wochenende Gast im damals hochnoblen und für unsere Verhältnisse sündteuren Café oben am Cobenzl. Verwirrt von so viel Vornehmheit, saß ich da – und sah etwa zwei Tische entfernt Romy Schneider sitzen! Zwar ein ganz normales junges Mädchen wie ich, wohl auch mit Mutter und Anhang hier oben jausnend, umgab diese junge Romy für mich dennoch das bestürmende Flair, »berühmt« zu sein. Da saß, mir ganz nah, die allen bekannte, zauberhafte Schauspielerin der Sissi-Filme, und ich starrte sie neidvoll an – trug ich doch auch schon diesen Wunsch zur Schauspielerei in mir.

Ich sah Romy Schneider persönlich nie wieder.

Sie wäre jetzt so alt wie ich.

Zwar in völlig andere Lebensumstände geraten – sie Frankreich erobernd, international eine

Berühmtheit werdend, sich diesem Beruf und dem Film mit Leib und Seele hingebend – ich Wien nie gänzlich verlassend, brav am Burgtheater tätig, und später nur im deutschsprachigen Film und Fernsehen bekannt geworden –, es weisen unsere Frauen-Leben dennoch Parallelen auf.

Diese Vielfältigkeit gewisser Ehemänner und Gefährten, die nie zu einer wirklichen Geborgenheit führte. Verehrung und Bewunderung von außen, die letztlich das persönliche Alleinsein nicht mildern konnten. Beide verloren wir einen nahen Mann-Menschen durch Selbstmord. Beide verloren wir auf tragische Weise ein Kind.

Sie starb früh – ich wurde alt.

Und stehe also heute hier – kürzlich habe ich den Achtziger hinter mich gebracht –, weil mein Lebenswerk durch eine »ROMY« geehrt wird.

Dieses Lebenswerk auch erschaffen und erlangen zu können – ich betone es immer wieder –, hatte viel mit dem Zustand des Landes zu tun, in dem ich mein Leben verbrachte. Also mit Österreich. Ich erfuhr nach den als Kind erfahrenen Schrecken des Zweiten Weltkrieges das Entstehen und Erstarken eines demokratisch geführten Sozialstaates, einer offenen und – bei aller Kritik – beispielgebend freien Gesellschaft. Ich konnte dieses Land lieben und stolz auf es sein. Mein leider kürzlich verstorbener Freund Werner Schneyder sagte, er sei Patriot, und Patriotismus sei der Feind des Nationalismus. Ich kann ihm nur zustimmen.

Weltweit gesehen ist es Menschen nicht gegeben – und das bis heute –, in einem Umfeld mit mehr Lebensqualität zu leben, als hier in Österreich. Nirgendwo ging und geht es Menschen so gut wie bei uns, aufgehoben im europäischen Raum, in diesem – letztlich immer noch – Miteinander von Vielfalt und Eigenständigkeit.

Trotzdem gelingt es unserer derzeitigen Regierung – und nicht nur ihr, diese Haltung griff ja um sich –, mit »Werten«, die ständig zitiert und gleichzeitig verraten werden, sich einer für überwunden gedachten, menschenverachtenden Gesinnung wieder zuzuneigen und Erfolg damit zu haben. Weil man den Menschen Angst macht. Sie glauben lässt, es ginge ihnen immer schlechter, sie verlören durch Migration und Fremdes, das auf sie einwirkt, Boden unter den Füßen.

Ich bin wohl zu alt. Aber immer noch wäre ich so gern in der Lage, meinen Mitbürgern – ja, ich nenne sie so, auch im europäischen Sinn, denn wir müssen Europäer sein und bleiben –, also meinen Mitbürgern die unbegründeten Ängste zu nehmen, und ihnen die begründete Gefährdung bewusst zu machen.

Jeder von uns weiß, was Angst ist.

Jeder von uns sehnt sich nach Sicherheit und Anerkennung.

Jeder von uns befürchtet, sich ausgeschlossen und benachteiligt fühlen zu müssen.

Sich aber dieser durchaus verständlichen und nachvollziehbaren Empfindungen des Menschen zu bemächtigen, sie zu schüren, um Ideologien in letztlich wehrlosen Köpfen und Herzen zu verankern, die mit Diktatur und Unfreiheit den Anspruch anpeilen, sich die Welt untertan zu machen – sei es nun der religiöse Fundamentalismus oder der von rechts außen –, dagegen müssen wir leben!

Es ist ja schön, glanzvoll und richtig, heute hier Filmisches, Künstlerisches, kreativ Erschaffenes zu ehren und zu preisen. Aber verbinden wir es doch mit der Unbedingtheit unseres freien Mensch-Seins, unserer Abkehr von jeder Form von Opportunismus, unserem Widerstand gegen Fälschung und Irrweg. Wenn schon das Umsichgreifen allseits propagierter Vernetzung in unserer digital bestimmten Welt – dann doch nicht nur zwischen denen, die radikalisieren, sondern bitte auch zwischen allen, die Anstand, Vernunft, Empathie und Offenheit ihr Eigen nennen. Sie sind Legion – daran glaube ich. Trotzdem.

Ich danke Ihnen.